松戸の江戸時代を知る⑤

江戸時代の松戸河岸と鮮魚輸送

― 河岸問屋・青木源内家を中心に ―

渡 辺 尚 志 著

たけしま出版

目　次

プロローグ ……5

第一章　河岸と鮮魚輸送

第一節　河川舟運と鮮魚街道 …… 9

第二節　松戸の平潟河岸 …… 26

第二章　納屋河岸と河岸問屋・青木源内家

第一節　納屋河岸での鮮魚輸送 …… 43

第二節　一八世紀後半の青木源内家 …… 58

第三章　一九世紀の納屋河岸と青木源内家

第一節 円滑な荷物輸送に努める……71
第二節 青木源内家の営業努力……84
エピローグ……121
参考文献……123

プロローグ

・舟運は江戸時代の物流の花形

本書では、江戸時代に、関東各地と江戸を結ぶ物流の結節点として重要な役割を果たした松戸《まつど》河岸《がし》について述べていきます。なお、江戸時代の度量衡《どりょうこう》や貨幣制度については巻末の付表をご覧ください。

鉄道もトラックもなかった江戸時代、大量の物資輸送の主役は舟運《しゅううん》でした。川や海が、物流の大動脈になっていたのです。舟運の利点は、馬や人による陸上輸送と比べて、格段に多くの荷物を運べることでした。馬一疋《いっぴき》で運べるのは米二俵ほど（約一二〇～一三〇キログラム）、人一人では一九キログラムくらいだったのに対して、利根川《とねがわ》で使われた船では、小型船でも米二五俵、大型船では三〇〇～一二〇〇俵を積むことができました。輸送力の差は歴然です。舟運が重視された理由は、ここにありました。

関東地方の内陸部には、利根川・江戸川・鬼怒川《きぬがわ》・荒川など多くの河川があり、これらが河川舟運に利用されていました。松戸河岸は江戸川に面しており、江戸川は利根川とつながっているので、松戸河岸にとってはこの両河川が重要な意味をもちました。

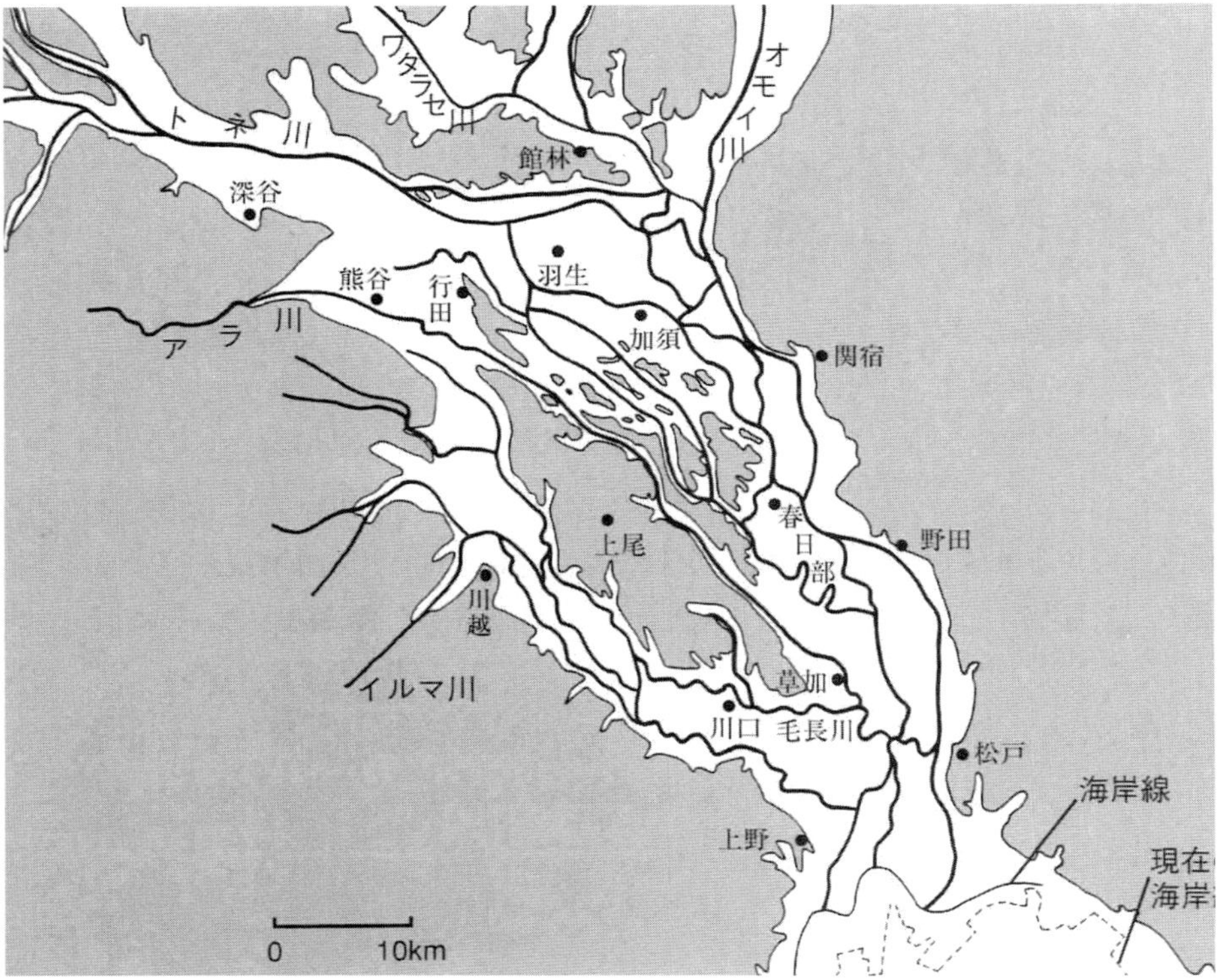

図 1

中世の利根川水系（『特別展　川の道　江戸川』より転載、柴田徹氏作図）
利根川（図では「トネ川」）と渡良瀬川（「ワタラセ川」）は途中で合流し、下流で何本にも分流しつつ、江戸湾（東京湾）に注いでいました。そうした分流の主要な一つが太日川で、江戸時代には江戸川と呼ばれました。

・利根川と江戸川

図1をご覧ください。これは、一六世紀初めの関東地方の地図です。現在とは、川の流れ方が大きく異なっていることがわかります。利根川と江戸川に注目してみましょう。

利根川は、一六世紀までは、今と異なり、江戸湾（東京湾）に注いでいました。一六世紀中頃から利根川流域の流路変更（付け替え）工事が始まり、その後何回にもわたる複雑な流路変更を経て、承応《じょうおう》三年（一六五四）に工事は一通り完了しました。工事の主要部分は、天正《てんしょう》一八年（一五九〇）に関東に入国した徳川氏によって行なわれました。

この工事の結果、工事開始前には江戸湾に注いでいた利根川は大きく流れを変えて、現在のように銚子《ちょうし》で太平洋に注ぐようになりました。徳川氏の流路変更の目的は、①太平洋沿岸各地や北関東と江戸とを結ぶ水運の大動脈をつくることをはじめとして、②江戸を水害から守ること、③流域で新たな耕地の開墾を進めること、④利根川を、江戸を軍事的に守る北側の外堀《そとぼり》にしようとしたことなどだったといわれています。大型の土木機械などない当時、人力だけでこのような大工事を実現したというのは驚きです。

次に、江戸川です。現在の江戸川は、千葉県と埼玉県・東京都との境を南に流れ、利根川との分岐点から河口までの流路延長約六〇キロメートル、流域面積は約二〇〇平方キロメートルです。江戸川は、中世までは太日川《ふといがわ》と呼ばれ、利根川と渡良瀬川《わたらせがわ》の下流部分となっていました。この点は今と大きく違いますが、当時も最後は今と同じように江戸湾に注いでいました。

江戸川（＝太日川）も、利根川の流路変更工事の一環として、一七世紀に流路変更がなされました。工事は寛永《かんえい》三年（一六二六）に始まり、正保《しょうほう》四年（一六四七）から新しい河道を水が流れるようになりました。この工事では、江戸川の洪水被害を減少させるために、利根川との分岐点の関宿《せきやど》から、下流の金杉《かなすぎ》・野田までの約一八キロメートルにわたって下総《しもうさ》台地を掘り割って、流路が直線化されました。ただし、工事の開始年については、寛永一二年（一六三五）、寛永一七年などとする説もあります。この工事によって、江戸川の流路はおおよそ現在のかたちになりました。

利根川の流路変更工事の過程で、文禄《ぶんろく》三年（一五九四）から一七世紀半ばまでは、江戸川が利根川の下流部の本流となっており、その当時は利根川と呼ばれることもありました。承応三年（一六五四）に利根川が太平洋に注ぐようになると、その頃から江戸川という呼称が現れ、一八世紀以降の幕府関係の公的文書においては江戸川の呼称が一般化します。ただ、江戸時代の文学作品や錦絵《にしきえ》などのなかでは、利根川と呼ばれるほうが多かったといえます。なお、江戸川という名称は、関宿の江戸町に由来するとも、江戸への舟運ルートだったことから付いたともいわれています。

以下の各章では、こうした流路変更工事が終わったあとの一八、一九世紀を中心に、松戸河岸における物流のあり方を具体的にみていきたいと思います。

第一章　河岸と鮮魚輸送

第一節　河川舟運と鮮魚街道

・河岸と河岸問屋

本章では、関東地方の河岸《かし》について概観したうえで、銚子から江戸への鮮魚輸送ルートと、そこにおける松戸河岸の位置について述べていきます。

そもそも河岸とは何でしょうか。河岸とは、河川の岸にある「川の港」の呼び名で、単に船が着く場所を指すだけでなく、河岸問屋《かしどんや》などの運輸業者や、河岸のある集落をも含む呼称でした。江戸時代には河岸という行政区画はなく、村や町の一部が河岸と呼ばれました。松戸の場合は、松戸宿《まつどしゅく》(松戸町ともいいます）の江戸川沿いの一帯に松戸河岸があったのです。

河岸では、陸路を運ばれてきた荷物を船積みしたり、船で運ばれてきた荷物を陸揚げしたりします。河岸は、荷物輸送の中継拠点なのです。そして、船積み・陸揚げの差配や、その過程での荷物の一時保管を行なうのが河岸問屋です。河岸問屋が、河岸の運輸機能の中核を担っていました。

河岸は、江戸時代初期の寛永《かんえい》年間（一六二四〜一六四四）に、各地に多数成立しました。関東地方の河岸の数は、元禄期《げんろく》(一六八八〜一七〇四)に利根川水系を中心に八〇余、幕末には三〇〇余あったと推定されています（図2）。河岸では、はじめは年貢米など領主の物資をもっぱら扱っていま

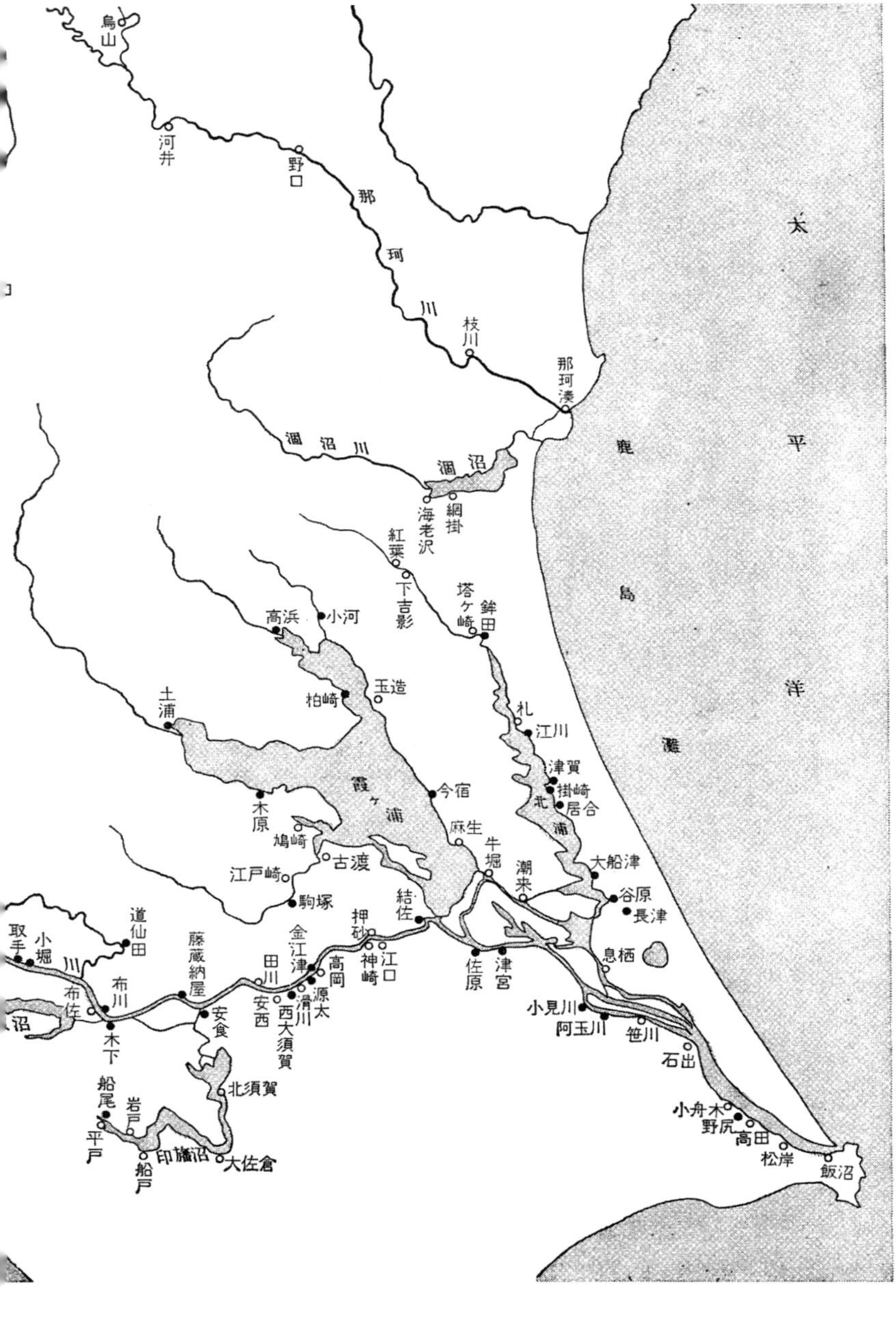

図2 関東地方の河岸（川名登『河岸に生きる人びと』より転載）

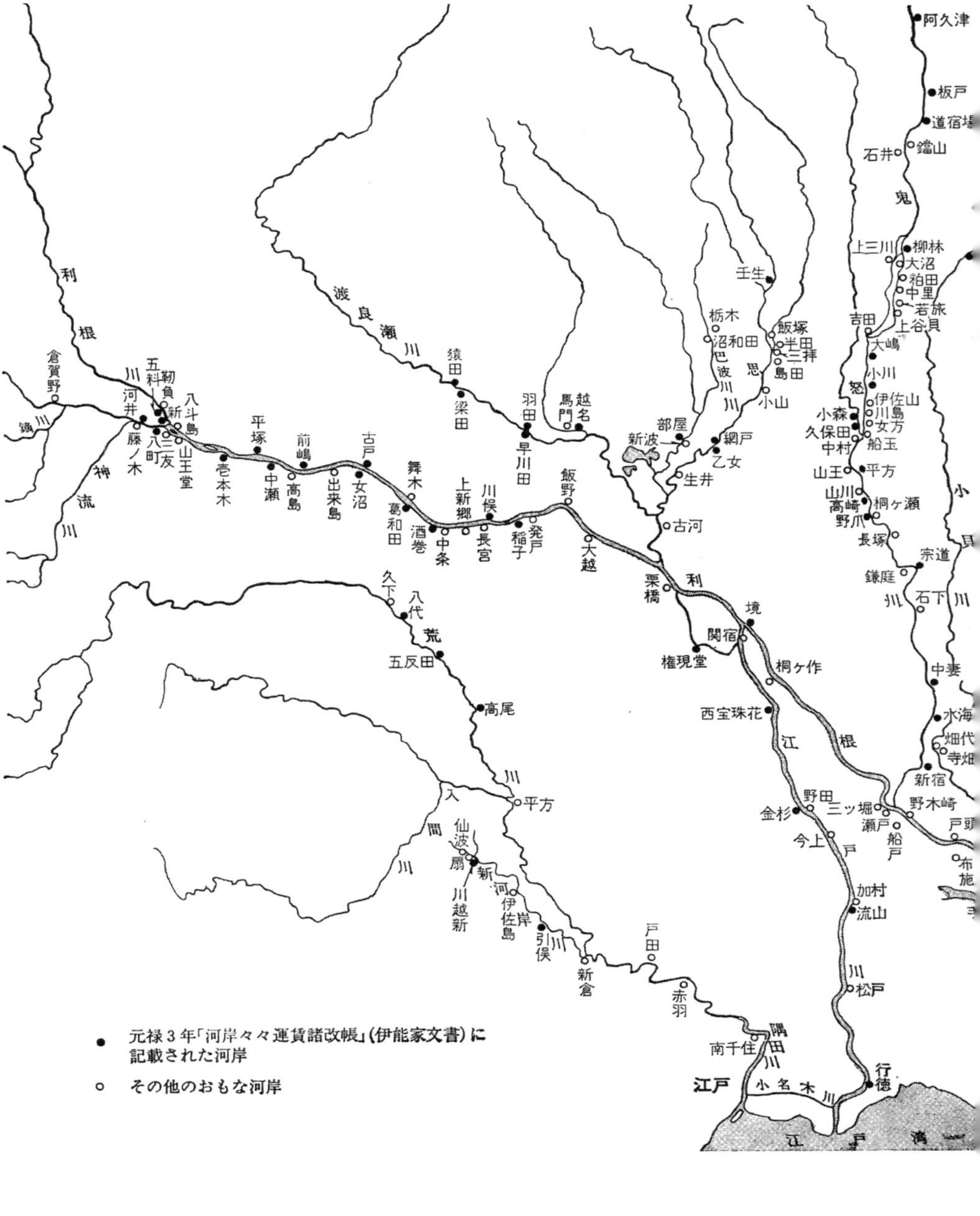

● 元禄3年「河岸々々運賃諸改帳」(伊能家文書)に記載された河岸

○ その他のおもな河岸

したが、商品経済の発展にともなって民間の商品も扱うようになり、河岸の問屋は営業として成り立ち、利益を上げていきます。河岸問屋はこの利益を保障してもらうために領主と結びつき、領主の側も問屋の利益に運上金《うんじょうきん》（営業税）を賦課するようになりました。

中世までも、人を川の対岸に渡す渡し場はあちこちにありました。松戸も、古代からそうした渡し場の一つでした。河岸が渡し場と違う点は、河岸では人と並んで、あるいは人以上に、物資の輸送に重点が置かれたことです。河岸は、商品流通が活発化することによって生まれた、江戸時代に特徴的な場所でした。

あらためて、利根川・江戸川についてみてみましょう。利根川・江戸川では、高瀬船《たかせぶね》・平田船《ひらたぶね》・茶船《ちゃぶね》など多種類の船が使われていました。利根川の高瀬船は三〇〇～一二〇〇俵（一俵は四斗《と》入りで、俵なども含めて約六四キログラム）、平田船は三〇〇～五〇〇俵の荷物を積めました。もっとも小さい船でも、二五俵の荷物を積めたのです。高瀬船は、大きいものでは長さ二五メートル、幅五メートルくらいにもなりました。

利根川・江戸川を走る船は、川を下るときには流れに任せて進みました。上るときには帆を張って進み、櫓《ろ》で漕いだり、岸から人が綱で引いたりもしました。動力機関などはないので、自然の力と人力が頼りでした。そのため、上りと下り、風のあるときとないときでは、運航に要する時間が異なりました。天候・水量・地形などにも左右されました。江戸時代の船は、時速何キロで走るなどと一概にはいえないのです。

船の乗組員には、船頭《せんどう》（船長）と水主《かこ》（一般の乗組員）がいました。船頭には、自分で所有する

部分番号	各部名称	
①	センフタ	桟蓋
②	コシカケフナハリ	腰掛舟梁
③	オモテタテイタ	表立板
④	イタコ	板子
⑤	ヘイノサン	
⑥	オモテフナハリ	表舟梁
⑦	ハサミ	挟
⑧	アケイタ	アケ板
⑨	アハラ	
⑩	カメ	亀
⑪	トネキ	ト子木

部分番号	各部名称	
⑫	カリフナハリ	仮舟梁
⑬	コベリ	小縁
⑭	タナイタ	棚板
⑮	ドウフナハリ	胴舟梁
⑯	ホヅツ	帆筒
⑰	ナカハサミ	中ハサミ
⑱	トモフナハリ	艫舟梁
⑲	カシツカ	楫柄
⑳	トコ	床
㉑	カシカシラ	楫頭
㉒	ウテコヘリ	腕小縁

部分番号	各部名称	
㉓	トモタテイタ	トモ立板
㉔	オオトモ	大艫
㉕	ウエサン	上桟
㉖	カシ	楫
㉗	シタサン	下桟

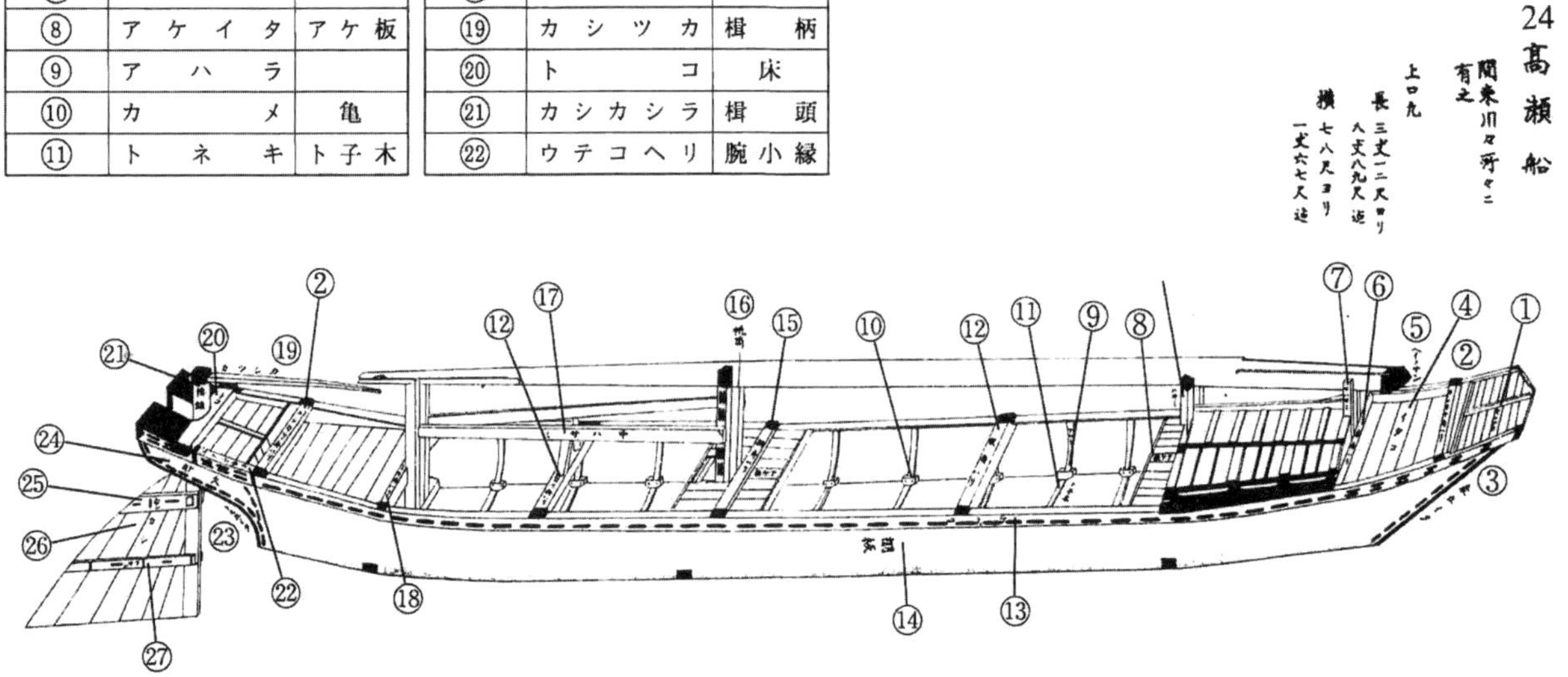

図 3

高瀬船と各部の名称（川名登『近世日本の川船研究　上』より転載）

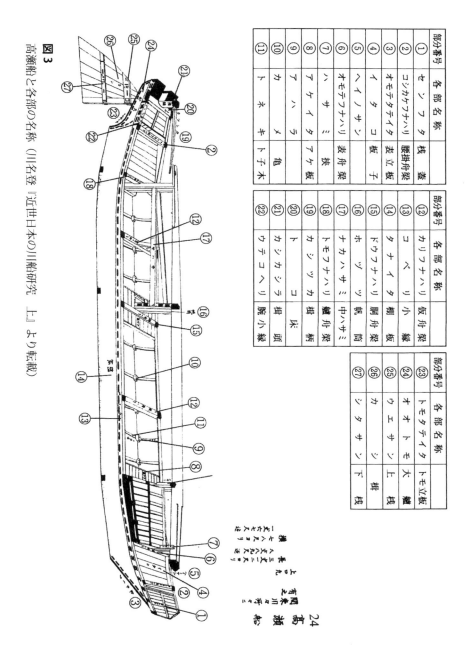

船に乗る船持《ふなもち》の船頭（直乗《じきのり》といいます）と、ほかの船持に雇われて働く雇船頭《やといせんどう》がありました。

高瀬船・平田船等の大型船では、船頭のほかに水主が三～五人必要でした。また、幕末に高瀬船一艘を新たに建造したときには、船本体に帆や櫓・櫂《かい》などの付属品を含めて金一〇五両の費用がかかったという記録があります。

河岸問屋は、荷物を船で運ぶ船頭や、馬で運ぶ馬持《うまもち》（自分が所有する馬で荷物を運ぶ者）たちを差配して、荷物の円滑な輸送に努めました。船頭や馬持に運送料を渡すのも河岸問屋でした。問屋は、口銭《こうせん》・庭銭《にわせん》・蔵敷《くらしき》などと呼ばれる手数料や荷物の保管料を自身の収入としていました。その額は、船賃（船での運送料）の一割前後のことが多かったようです。口銭などは、荷主《にぬし》（荷物の送り主）が河岸問屋に支払う場合が一般的でしたが、船頭が支払う場合もありました。また、河岸問屋は旅籠屋《はたごや》（旅館）や商品の問屋を兼ねている場合も多かったのです。

河岸問屋は、荷主から船賃や駄賃《だちん》（馬での運送料）を受け取り、それをそのまま船頭・馬持に渡しました。船賃のなかには、船積み・陸揚げのための人足賃《にんそくちん》（作業員の賃金）と、船の航行の途中で浅瀬を乗り切るために艀下船《はしけぶね》を雇う経費が含まれているのが普通でした。水深が浅いところでは、船の積み荷の一部を艀下と呼ばれる小船に積み替えて、船を軽くして喫水《きっすい》（船体の水中に没している部分の深さ）を浅くする必要があったのです。

利根川・江戸川の流域では、特定の河岸の者だけが、特定の区間内で艀下稼ぎをすることができました。この独占的に艀下稼ぎができる場所を「艀下場《はしけば》」といいました。江戸川では、関宿から金野井《かなのい》村までは関宿河岸の艀下場、金野井村から流山《ながれやま》河岸までは金杉《かなすぎ》河岸の艀下場、流山河岸から行徳《ぎょうとく》を通って船堀《ふなぼり》村までは松戸河岸の艀下場になっていました。松戸河岸は、一定区間内において艀下稼ぎの独占的営業権をもつ、特権的な河岸だったのです。

以上を整理すると、各地の荷主は、仕入れた荷物を江戸などに送って送り先の問屋に売ります。江戸などでの売り値段と地元での仕入値段の差額が荷主の収入になるわけです。ただし、荷主は、収入のなかから、売却地（江戸など）までの運送費と、途中の中継地にいる河岸問屋への手数料（口銭）を支出します。中継地が複数あれば、その分だけ複数の河岸問屋に手数料を支払うことになります。運送費は、河岸問屋が荷主から受け取り、それを荷物を運んだ船頭・馬持に渡します。

・鮮魚を運ぶ

松戸河岸に送られてくる主要な荷物の一つに、銚子などからの鮮魚がありました。銚子や鹿島灘《かしまなだ》で獲れる魚は、タイ・ヒラメ・スズキ・コチ・カツオ・マグロ・サバ・ブリなどでした。銚子では、一七世紀前半に、紀伊国《きいのくに》(現和歌山県)などから入漁もしくは移住する人が増え、慶安《けいあん》三年（一六五〇）に飯貝根《いがいね》漁場が開かれたこともあって、漁業がしだいにさかんになりました。一七世紀末から一八世紀前半にかけて漁業はますます発展しましたが、宝暦《ほうれき》五年(一七五五)頃からしだいに不漁となり、明和《めいわ》五年（一七六八）には大不漁になりました。その後も不漁が続きましたが、寛政《かんせい》年間（一七八九～一八〇一）から漁獲量が回復に向かい、江戸時代後期に漁獲量の最盛期を迎えました。しかし、明治期になるとまた不漁が続きました。

各時期における鮮魚の年平均漁獲量は、おおよそ以下のとおりです。

天保《てんぽう》年間（一八三〇～）　四八万三〇〇〇籠《かご》（一籠は約一一キログラム）
弘化《こうか》年間（一八四四～）　四六万七六〇〇籠
嘉永《かえい》年間（一八四八～）　五〇万七六〇〇籠
安政《あんせい》年間（一八五四～）　四八万八七〇〇籠
万延《まんえん》年間（一八六〇～）　四七万三六〇〇籠
文久《ぶんきゅう》年間（一八六一～）　四八万一八〇〇籠
元治《げんじ》年間（一八六四～）　四九万六八〇〇籠
慶応《けいおう》年間（一八六五～）　四五万八七五〇籠

銚子湊に水揚げされた鮮魚は、「なま船」と呼ばれる川船に積まれて利根川を遡《さかのぼ》りました。関宿で利根川から江戸川に入り、江戸川の河口近くの本行徳村《ほんぎょうとく》から、人口の運河である新川《しんかわ》（船堀川《ふなぼりがわ》）・小名木川《おなぎがわ》を経由して隅田川《すみだがわ》に入り、隅田川にほど近い日本橋魚河岸《にほんばしうおがし》まで、すべて船で運ばれました（全航程約四八里《り》、一里は約三・九キロメートル、図2参照）。そして、日本橋の本小田原町《ほんおだわらちょう》・本船町《ほんふねちょう》・安針町《あんじんちょう》・入船町《いりふねちょう》などにある魚市場《うおいちば》で朝市に並べられたのです。

生魚《なまざかな》は鮮度が生命なので、夏は「活船《いけぶね》」という船底に生《い》け簀《す》（魚を生かしておくための水槽）のある船も使われましたが、これは積載量に限りがあるので、普通は魚を竹籠に詰めて運びました。

そして、できる限り短距離・短時間で江戸まで運ぶため、関宿回りとは異なるルートも使われました。すなわち、八月～四月の時期を中心に、「なま船」で夕刻銚子を出発して、翌日未明に一八～二〇里ほど上流の木下《きおろし》・布佐《ふさ》などで荷を陸揚げし、木下からは行徳へ、布佐からは松戸へと、陸上を馬で江戸川沿いの河岸に送り、そこで再び川船に積んで江戸日本橋まで運んだのです。このルートは関宿回りより短時間で荷物を運べるため、とりわけ利根川の水量が減る冬期にはこのルートが多用されました。このルートは、一七世紀にはすでに成立していました。松戸河岸にとって、とりわけ重要なのは下総国相馬郡布佐村《しもうさのくにそうまぐんふさむら》（布佐河岸）との関係でした。松戸河岸への鮮魚荷物は、主に布佐村から運ばれたからです。

正徳《しょうとく》六年（一七一六）に、布佐村の問屋は五軒あり、そのうち七郎兵衛《しちろべえ》・次郎右衛門《じろうえもん》・弥右衛門《やえもん》は、銚子の今宮村・長塚村、常陸《ひたち》（鹿島灘方面）の鹿島・延方《のぶかた》・津宮《つのみや》・潮来《いたこ》・磯浜《いそはま》・平磯《ひらいそ》から来る荷物を引き受けて、松戸下河岸《しもがし》の問屋太兵衛《たへえ》へ送っていました。また、源左衛門《げんざえもん》・源兵衛《げんべえ》は銚子のうち飯沼村・飯貝根（飯沼村内の漁業集落）・新生《あらおい》村の荷物を引き受けて、松戸納屋河岸《なやがし》の問屋源内《げんない》（青木家）へ送っていました。問屋同士、取引相手が決まっていたのです。

なお、布佐村では、問屋のことを荷宿《にやど》ともいいました。布佐村は幕府から公認された河岸ではなく、したがって公式には河岸問屋はいないことになっていたため、公的には荷宿といったのです。

布佐村では、鮮魚輸送に使う馬を村内で一二〇〜一三〇疋用意していましたが、これで足りないときには隣村の中峠《なかびょう》村の馬を雇いました。文化《ぶんか》年間（一八〇四〜一八一八）以降は荷物量が増加したので、さらに布川《ふかわ》村・布瀬《ふぜ》村などの馬も雇っています。

銚子方面からの鮮魚荷物は籠に入れて送られ、一〇籠を一駄《だ》、すなわち一疋の馬に積みました（一疋に二〇〜三〇籠積むこともありました）。布佐村の問屋（荷宿）は、荷主から一籠につき銭《ぜに》二八文《もん》の賃銭を受け取ります。一駄につき二八〇文です。そのなかから、馬持に、一駄につき二四〇文、松戸までの道中《どうちゅう》の小遣《こづか》いに三〇文、計二七〇文を渡します。残りの一〇文のうち、馬差《うまさし》（馬の手配や、各馬への積み荷の割り振りなどを行なう役目の者）に六文を払い、最後に残った四文が問屋の収益になります。ただし、以上の金額は時期によって異なります。なお、寛政二年（一七九〇）に、木下河岸の問屋が受け取る口銭（手数料）は鮮魚荷物一駄につき銭五文でした。

また、魚の籠には何の魚何本入と書いた札が入っているので、問屋はそれと送り状を突き合わせて、荷物に間違いがないことを確認していました。

「なま船」は乗組員三人で日暮れに銚子を出て、夜中に利根川を約二〇里遡り、未明に布佐に着きました。そこで荷物を馬に積み替えて、六里（約二四キロメートル）の道を通って松戸に向かい、昼までに松戸河岸に到着します。そこでまた荷物を船に積み替えて、その日の夕方から夜に日本橋の魚河岸に着き、翌朝の魚市場での「せり」に間に合わせたのです。のちには、夏・秋の暑いときなどは、早船《はやぶね》で夕方のうちに布佐まで運び、気温が低く鮮度の落ちない夜中に馬で松戸まで付け送り、翌朝には日本橋魚市場に届けました。丸一日前後で銚子から江戸まで鮮魚を届けることができたのです。

・鮮魚街道《なまみち》

利根川沿いの河岸から江戸川沿いの河岸へと鮮魚を運ぶ陸路を、鮮魚街道《なまみち》といいました（「なまかいどう」ともいいます）。鮮魚街道の主要なものは「行徳みち」（木下街道《きおろしかいどう》）と「松戸みち」の二つでしたが、このほかにも、布施《ふせ》―加村《かむら》・流山というルートなどがありました（図4参照）。これらの道が鮮魚の輸送に利用されたのは、輸送時間短縮という利点に加えて、冬期には利根川中流の水量が少なくなり、浅瀬のある利根川中流や江戸川での船の航行が難しかったからです。

行徳みちは、木下―大森―白井《しろい》―鎌ケ谷《かまがや》―八幡《やわた》―本行徳《ほんぎょうとく》というルートで、約九里の道のりでした。さらに、本行徳から江戸日本橋まで、船で約三里ありました。一方、松戸みちは布佐と松戸を結ぶルートでした。

行徳みちは輸送距離が長いうえに、途中の鎌ケ谷・八幡などの宿場で荷物を別の馬に積み替える宿継《しゅくつ》ぎ方式でした。それに対して、松戸みちは距離が短く、出発地から終着地まで同じ馬で運ぶ付け通し方式だったので、行徳みちよりも短時間で運ぶことができ、荷物の痛みも少なくて済みました。そのため、しだいに松戸みちを使った輸送のほうがさかんになっていきました。年間（八月～四月）の輸送量は、行徳みちが寛政二年（一七九〇）当時で約二〇〇〇駄、松戸みちが宝暦一二年（一七六二）当時約三五〇〇駄で、一五〇〇駄の差がありました。この差は、一九世紀にはさらに拡大しました。

布佐・松戸間の駄賃（運送費）は、天明年間（一七八一～一七八九）当時で、一駄につき銭二八八文、松戸から日本橋までの船賃は三四八文で、船賃のうち二四文は水主《かこ》（船の乗組員）の弁当代でした。ちなみに、水主は一艘に四人くらいが乗りました。駄賃・船賃の額は、時期によっていくらか異なります。

鮮魚街道（松戸みち）は、一七世紀から利用されていましたが、当時の輸送量は一八世紀以降と比べると少ないものでした。松戸みちによる鮮魚輸送は一八世紀になると、ようやくさかんになり

図 4

利根川・江戸川流域の水路と陸路（『千葉県歴史の道調査報告書六　木下街道・なま道』より転載）
布佐と松戸を結ぶ点線が鮮魚街道です。

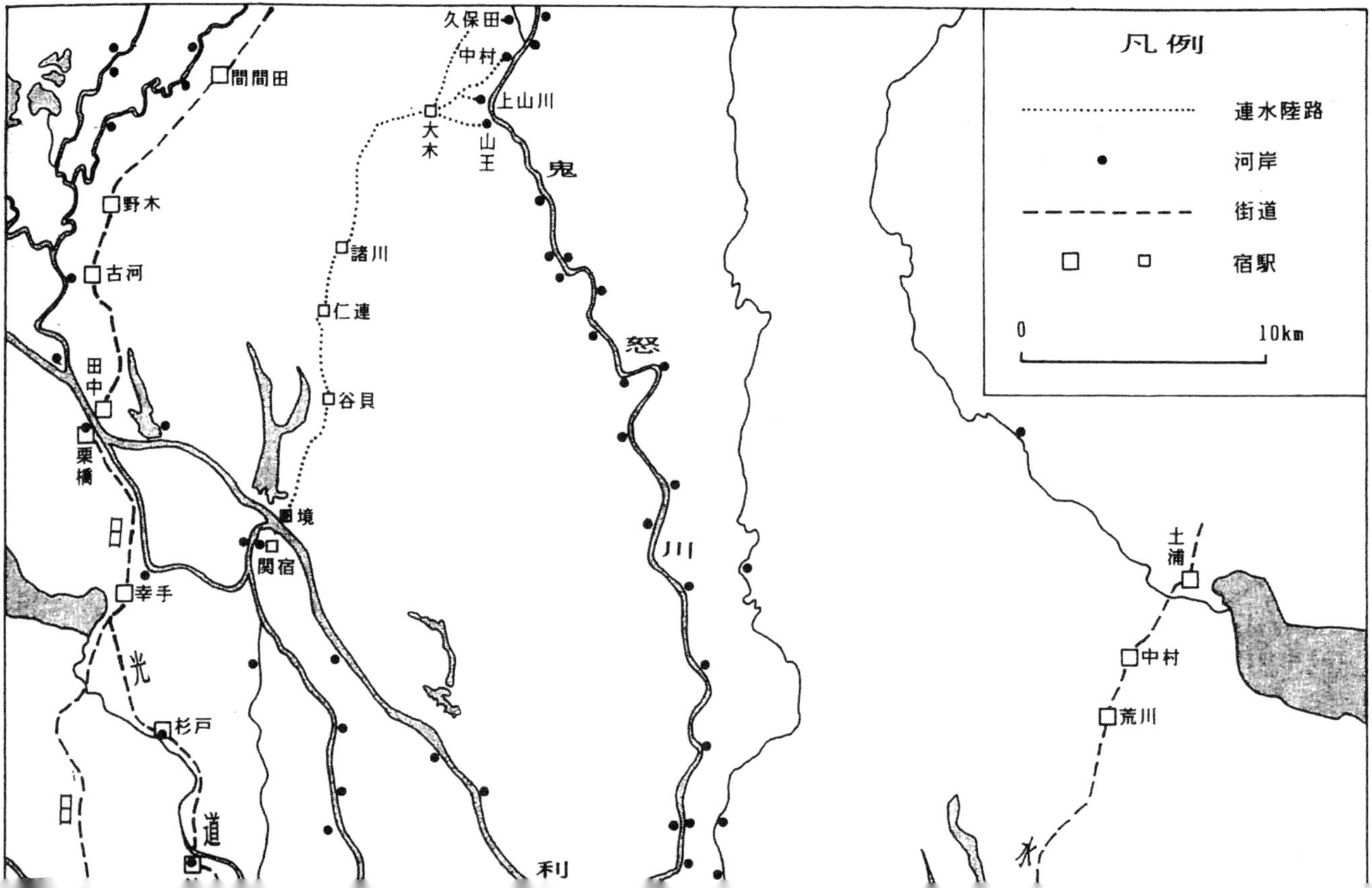

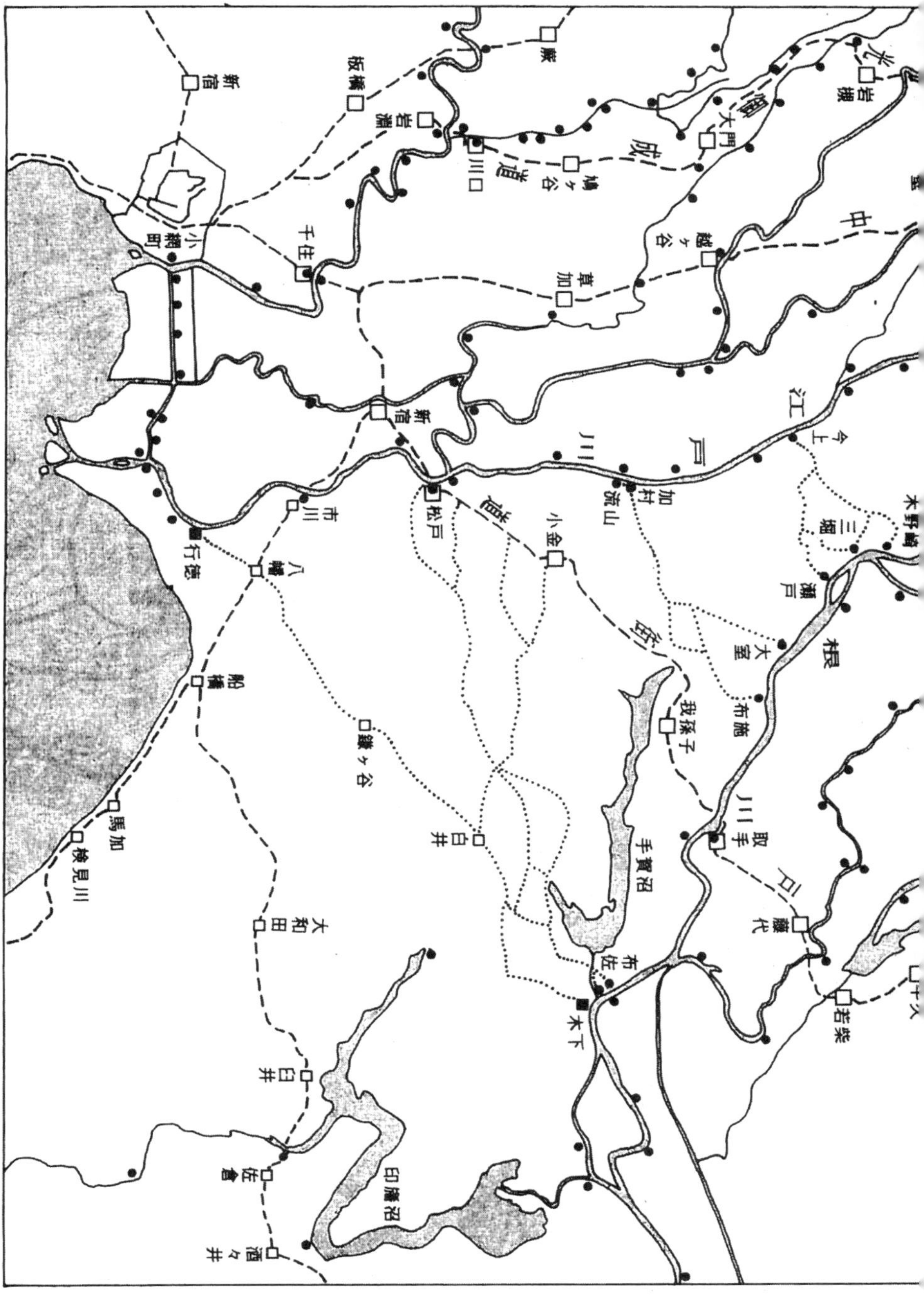
新宿
板橋
蕨
岩淵
川口
鳩ヶ谷
大門
岩槻
越ヶ谷
草加
千住
小網町
新宿
江戸川
今上
木野崎
三堀
瀬戸
加村
流山
松戸
市川
行徳
八幡
小金
大室
布施
我孫子
船橋
鎌ヶ谷
馬加
検見川
白井
手賀沼
取手
藤代
若柴
布佐
木下
大和田
臼井
佐倉
酒々井
印旛沼

ました。松戸宿では宝永《ほうえい》二年（一七〇五）に金町松戸関所《かなまちまつどせきしょ》（松戸宿の江戸川対岸の金町にある水戸道中の関所）に出願して、鮮魚荷物を積んで松戸から江戸川を船で渡り、関所を通って江戸日本橋の魚市場に行く馬について、松戸宿の名主《なぬし》が発行した木札《きふだ》（通行証）をもっている場合は、夜中でも関所を通ることを認めてもらいました。関所は夜間の通行はできない決まりでしたが、特例措置がとられたのです。このときは、木札は年間五〇枚が発行の上限とされましたが、宝永七年には木札をさらに一〇〇枚増発することが認められました。このことは布佐・松戸間の鮮魚輸送がさかんになったことを示すとともに、松戸河岸の船による輸送機能がまだ十分ではなかったため、松戸から先も陸路を使うことがあったことを示しています。

鮮魚街道を使った輸送がさかんになると、それをめぐって村々の争いが起こりました。最初の争いは、正徳《しょうとく》五年（一七一五）のことです。

正徳五年九月に、布佐村から市川《いちかわ》・本行徳へ付け通し（出発地から終着地まで、一度も荷物をほかの馬に積み替えずに、同じ馬で運ぶこと）で送っていた鮮魚荷物を、行徳みち（木下街道）の宿場の一つである鎌ケ谷宿の者が途中で差し押さえるという事件が起こりました。行徳みちは、木下から本行徳までの街道で、その間に大森・白井・鎌ケ谷・八幡の各宿場がありました。この時点では、布佐村は、鮮魚荷物を松戸だけでなく、本行徳村にもかなり送っていたのです。

このとき、鎌ケ谷宿は、「行徳みちでは荷物の付け通しは禁止されており、荷物は途中の各宿場でそこの馬に積み替えなければならない。それに違反した付け通し荷物を差し押さえたのは正当な行為だ」と主張しました。

これに対して、布佐村は、付け通しは自由だと反論して、この件を幕府に訴え出ました。幕府は正徳六年閏《うるう》二月（江戸時代には閏月《うるうづき》があって一年が一三か月になる年がありました）に裁許《さいきょ》を下《くだ》し、東海道での例にならって鮮魚荷物の付け通しを許可し、その他の荷物は宿継ぎ（宿場で荷物を積み替えること）としました。鮮度の落ちないうちに運ぶ必要があるという鮮魚荷物の特性を考慮して、鮮魚荷物だけは付け通しを認めたのです。この裁許によって、布佐村は鮮魚荷物の付け通し輸送権を確立しました。

享保《きょうほう》一二年（一七二七）に、手賀沼《てがぬま》の干拓・耕地化により新道ができると、布佐と松戸の距離が短縮されました。布佐―発作《ほっさく》―亀成《かめなり》―浦部《うらべ》（浦辺）―白幡《しらはた》―平塚―富塚《とみつか》―藤ケ谷《ふじがや》―佐津間《さつま》―金《かね》ケ作《がさく》―松戸というルートです。銚子～布佐間は約七三キロメートル、布佐～松戸間は約二四キロメートル、松戸～日本橋間は約二二キロメートルでした。このルートは、陸路の途中で小金牧《こがねまき》（幕府直営の広大な馬の放牧場）を横断しました。

このルートの輸送量が増えて、木下《きおろし》河岸《がし》での荷揚げ量が減ったため、元文《げんぶん》三年（一七三八）に木下河岸が、松戸みちによる鮮魚輸送を禁止してほしいと幕府に訴え出ました。しかし、幕府の裁許では、木下河岸の訴えは認められず、松戸みちが鮮魚の輸送路として公認されたのです。なお、布佐村は、元文三年の木下河岸との争いの結果、幕府から正規の河岸ではないとされたものの、鮮魚荷物の輸送は公認されました。

次いで宝暦一三年（一七六三）に、松戸みち利用の公認をさらに確実なものにするために、布佐と松戸から、それぞれ運上金《うんじょうきん》（運送業の営業税）を幕府に上納しようとしました。運上金を上納していれば、大手を振って松戸みちを利用できるというわけです。しかし、これには木下・本行徳など行徳みち（木下街道）の河岸や宿場が反対しました。行徳みちの河岸や宿場は、銚子からの鮮魚荷物は木下河岸で陸揚げして、行徳みちを使って本行徳まで運ぶべきであり、布佐村から松戸河岸に送られては迷惑すると主張しました。これは行徳みちの河岸や宿場が鮮魚輸送の主導権を取り戻そうとしたものでしたが、布佐村の鮮魚輸送権があらためて認められるかたちで決着しました（五四頁以下参照）。このころに、行徳みちと松戸みちの地位が逆転して、以後は松戸みちが鮮魚輸送のメインルートになり、鮮魚街道といえば松戸みちを指すようになったのです。

・幕府の河岸吟味

明和《めいわ》・安永《あんえい》年間（一七六四〜一七八一）になると、布佐より少し利根川上流の中峠《なかびょう》村や、布佐より下流の安食卜杭《あじきぼっくい》・布鎌《ふかま》の両新田《しんでん》で鮮魚が荷揚げされるようになりました。新たに、布佐のライバルが現れたのです。

安食卜杭・布鎌両新田では、たまたま風雨などで布佐・木下まで船が行けなかったため、やむなく途中で陸揚げした荷物を自村の馬で運んだのをきっかけに、鮮魚荷物を恒常的に陸揚げするようになりました。これは、安食《あじき》—惣深《そうふけ》—島田—鎌ケ谷—八幡—本行徳という、一部行徳みちを通るルートです。

このように、より安価で迅速な輸送ルートを求める荷主と、新たに運送業を始めて利益を得ようとする村々の利害が合致して、あちこちに新たな河岸や陸送ルートが生まれました。そのため、従来からある河岸や既成ルート上の村々との間で訴訟が繰り返されることになりました。幕府は、こうした事態に対処するため、一八世紀後半に、関東地方全域の河岸を調査して、一定の場所のみを河岸として公認し、そこの河岸問屋に独占的営業権を与えました（河岸問屋株《かしどんやかぶ》の設定）。この幕府の河岸吟味《かしぎんみ》によって、河岸の場所と、そこで営業できる河岸問屋とが確定したのです。

河岸として公認されるための条件は、そこが従来から河岸として機能してきたということでした。既得権を重視したのです。そして、これ以降の河岸の新設を禁止することで、以後の流通ルートをめぐる争いをなくそうとしました。また、河岸問屋には、その河岸における独占的営業権を認める代わりに、収益に応じて運上という営業税を賦課することで、幕府の収入増を図りました。

幕府の河岸吟味は、明和八年（一七七一）に利根川上流の河岸から始まり、安永元年（一七七二）までにほぼ関東全域について一通り終わりました。そして、安永三年に再び関東全域の河岸を対象とする再吟味が一斉に行なわれました。この河岸吟味によって、荷物の積み込み・陸揚げや輸送などの運送業を行なってよい場所（河岸）と、河岸で運送業に携わってよい家（河岸問屋）とが決められたのです。これ以降、河岸以外の場所や、問屋以外の家が運送業に携わることは公的にはできなくなったわけですが、以後も非公認の河岸や陸送ルートの新設、新たに問屋稼業を始める家の発生が絶えなかったため、それらと河岸吟味で公認された河岸・河岸問屋との争いもなくなりませんでした。

先述した安食卜杭・布鎌両新田と本行徳を結ぶルートについては、この新ルートが布佐・木下の鮮魚輸送の既得権を脅かしたため、安永八年（一七七九）に訴訟となり、幕府の裁定によって、安食卜杭・布鎌両新田や中峠村での鮮魚の荷揚げは禁止されました。しかし、この禁止は徹底されませんでした。

利根川と江戸川を結ぶ新規の陸上輸送ルートとしては、ほかにも利根川沿岸の布施村と江戸川沿岸の加村・流山村を結ぶルートや、利根川沿岸の瀬戸村と江戸川沿岸の山崎《やまざき》村・今上《いまがみ》村、利根川沿岸の木野崎《きのさき》村と江戸川沿岸の今上村を結ぶルートなどが新たに生まれました。いずれも、布佐―松戸ルートよりもさらに利根川・江戸川の上流部で両者を結ぶルートです。

一九世紀前半になると、公認の河岸や河岸問屋の特権や従来からの流通機構に縛られない、新河岸の設置や新道による輸送の動きが一段と活発になりました。公認の河岸や河岸問屋の特権が脅かされるようになったのです。また、江戸の魚問屋や各河岸の河岸問屋（魚問屋）よりも、生産地の荷主のほうが優位に立つようになりました。新河岸・新道が生まれることで、荷主の選択の幅が増え、荷主がルートを自由に選択して、各地に出荷できるようになったからです。こうしたなかで、既存の河岸や河岸問屋はそれまで以上の営業努力を求められるようになりました。

第二節　松戸の平潟河岸

・松戸河岸の概況

さて、ここからいよいよ松戸河岸を話の中心に据えていきましょう。まず、『松戸市史　中巻近世編』によって、松戸河岸の概況を述べておきます。

江戸川に面して約八〇〇メートルにおよぶ松戸河岸は、三つの河岸からなっていました（図5

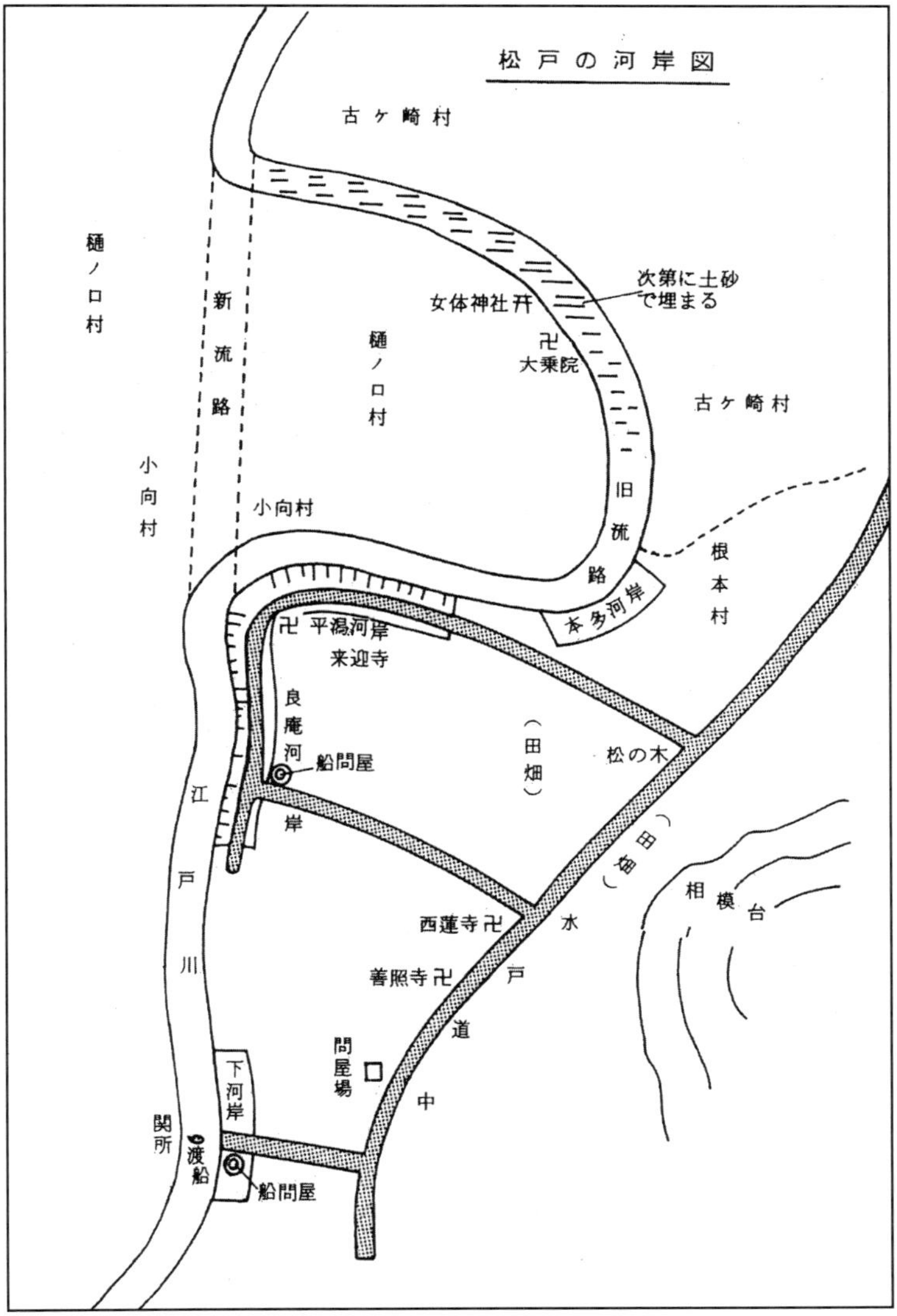

図 5
江戸時代の松戸河岸（青木源内「松戸の河岸」より転載）
良庵河岸（納屋河岸）の船問屋が青木源内家、下河岸の船問屋が梨本太兵衛家です。江戸川の新流路は享保 16 年（1731）に開削され、その影響で、根本村にあった本多河岸（田中藩本多家の御用河岸）は延享 2 年（1745）に納屋河岸に移転しました。

参照）。まず、江戸川の対岸にある金町松戸関所（金町に置かれた水戸道中の関所）と松戸宿の下横町《しもよこちょう》とを結ぶ渡船場《とせんば》（江戸川の渡し船の発着所）に下河岸《しもがし》（往還河岸《おうかんがし》・渡船場河岸ともいいます）がありました。江戸時代の江戸川には橋がなかったため、渡し船で行き来したのです。そして、下河岸の上流に平潟河岸《ひらかたがし》、下河岸と平潟河岸の中間に納屋河岸《なやがし》（良庵河岸《りょうあんがし》・上河岸《かみがし》ともいいます）がありました。松戸河岸とは、この三つの河岸の総称なのです。

松戸河岸は、行政区画としては、水戸道中の宿場である松戸宿（松戸町）に含まれていました。幕府領である松戸宿の、江戸川沿いの一画が松戸河岸だったのです。

享保一六年（一七三一）には、松戸宿と古ケ崎《こがさき》村との境から大きく東側に食い込むように湾曲して平潟河岸から納屋河岸の前を通っていた江戸川の河道《かどう》（流路）を直線化する大工事が、幕府によって行なわれました。その結果、江戸川の対岸（西側）にあった樋野口《ひのくち》（樋ノ口）村と小向《こむかい》村は新たな河道によって村の領域が二分され、一部は江戸川の東側（松戸宿と同じ側）になりました。両村の真ん中を新河道（分水川《ぶんすいがわ》と呼ばれました）が通ることになり、川の東側の村域は松戸宿の北に接するかたちになったのです（図5）。

このとき掘られた新河道の川幅は四〇〇間《けん》（約七二〇メートル）でした。はじめは、新河道の流水量はさほどでもありませんでしたが、通水してから一一年後の寛保《かんぽう》二年（一七四二）の洪水によって川底が深く掘られたため、ようやく流水量が多くなって船が通うようになりました。以後、こちらが江戸川の本流になったのです。この新河道の開削《かいさく》が、納屋河岸が発展するきっかけになりました。この開削によって、納屋河岸から下河岸までの間が、適度の水深のある良好な船着場となったのです。一方、平潟河岸の前を流れる従来からの河道は水量が減ったため、平潟河岸の河岸機能はしだいに失われていきました。

・平潟河岸の船問屋たち

河道変更後に起こった変化についてみていきましょう。元文四年（一七三九）に、松戸町（松戸宿）から幕府に、次のような書付《かきつけ》（書面）が差し出されています。なお、本書では、江戸時代の文書については、すべて私が現代語訳したものを載せることにします。

　このほど、松戸町の旅籠屋《はたごや》（宿屋）には、一軒に何人の飯売り下女《めしうりげじょ》（宿泊客の食事の世話などをする女性奉公人）がいるかというお尋ねがありましたので、お答えします。

七、八年前に、道中奉行様《どうちゅうぶぎょう》（主要街道を管轄する幕府の役職）から、「松戸町の旅籠屋には、一軒に二人ずつ飯売り下女を置いてよい」とのお触れがありましたが、その後も街道（水戸道中）沿いの旅籠屋には飯売り下女を置いておりません。ただし、江戸川の河岸（平潟河岸）に近接した船問屋《ふなどんや》（河岸問屋）は、古来より飯売り下女を置いています。

松戸河岸には、小堀《おおほり》・関宿・江戸とともに、武蔵《むさし》・下総《しもうさ》・常陸《ひたち》・上野《こうづけ》・下野《しもつけ》・出羽《でわ》・陸奥《むつ》・信濃《しなの》八か国（以上は関東・東北諸国と現長野県）の御大名様方が水路で江戸と行き来する際にお泊りになる「御船問屋《おふなどんや》」が置かれてきました。そして、小堀・関宿・江戸の船問屋は飯売り下女を置きませんでしたが、松戸平潟河岸には、寛永三年（一六二六）一〇月に、一軒に二人ずつの飯売り下女を置くことが認められ、その代わりに松戸河岸からは毎年永《えい》一一貫《かん》六五二文ずつの河岸役永《かしやくえい》（河岸での営業税）を上納することになりました。それ以降一一四年ほどの間、ずっと河岸役永を上納し続けています。

船問屋どもは、江戸川を行き来する船が難破したり、船で喧嘩口論が起こったり、風雨のために積んだ御荷物が流されたり、船同士が衝突して破損したりした場合には、その場所に立ち会って問題を解決してきました。

また、小堀河岸から松戸河岸までは「長艀下之場処《ながばしけのばしよ》」（積み荷を本船から艀下に移し替えて長距離を運ぶ区間）なので、小堀の船問屋から松戸河岸の船問屋に宛てて艀下で送られた荷物を、松戸河岸で艀下から本船に積み戻すことになります。その際には、船問屋どもが立ち会って御荷物の数量などを改め、間違いがないようにします。そのため、御大名様方から船問屋に、御大名様方の印の付いた提灯《ちょうちん》が渡されています。

この書付からは、以下のことがわかります。

① 松戸河岸には、利根川沿岸の小堀、利根川と江戸川の分岐点にある関宿、そして江戸とともに、東日本の大名やその家臣たちが、参勤交代《さんきんこうたい》などで水路を使って国元と江戸を往復する際に、宿泊や荷物の運搬などの世話をする「御船問屋」が置かれていました。利根川・江戸川沿岸には多数の河岸がありましたが、そのなかでも松戸河岸は小堀・関宿両河岸とともに、とりわけ重要な役割を果たしていたのです。

②　平潟河岸の船問屋（河岸問屋）たちは、江戸時代初期の寛永三年以降、一軒に二人ずつ飯売り下女を置いていました。船問屋は、船の乗組員や乗客を泊める宿屋業（船宿《ふなやど》）も兼営していたため、宿泊客の世話をする飯売り下女を雇っていたのです。松戸河岸からは、宿屋業や運送業など河岸での諸営業を幕府から公認してもらう対価として、幕府に毎年河岸役永を納めました。なお、河岸役永一一貫六五二文の内訳は、平潟河岸から納める河岸役永七貫五〇〇文と、納屋河岸と下河岸からの河岸役永四貫一五二文となっています。

③　小堀河岸から利根川を遡り《さかのぼ》、関宿から江戸川に入って松戸に至る区間の川筋には浅瀬が多く、高瀬船など大型船が重い荷物を積んだまま通航することが困難でした。そのため、その区間は、高瀬船の荷物を艀下という小船に移して積載量を減らし、高瀬船を軽くして船の喫水を浅くします。そうやって通航可能となった高瀬船と艀下は松戸まで一緒に来ますが、そのへんからは江戸川の水量が豊富になるので、松戸において艀下の積み荷を高瀬船に積み戻します。松戸河岸の船問屋たちは、その際の世話をしていました。

④　船問屋たちは、諸大名の通航・荷物運送の世話だけでなく、民間船のトラブルにも対処していました。

・対岸の村との争い

今述べたように、松戸河岸では幕府に河岸役永を上納していましたが、寛延《かんえん》三年（一七五〇）に、江戸川沿いにある樋野口村と小向村が、自分たちも松戸河岸同様に河岸役永を上納したいと、幕府の代官戸田忠兵衛《ちゅうべえ》（樋野口・小向両村を管轄する代官）に願い出ました。これには、次のような事情がありました。

もともと、樋野口・小向両村は、江戸川を挟んで松戸宿の対岸にありましたが、享保一六年（一七三一）に、古ケ崎村から松戸宿にかけて大きく東側に湾曲して（食い込んで）いた江戸川を、湾曲部分における氾濫防止のために直線化する工事が幕府によって実施された結果、江戸川の西岸にあった樋野口・小向両村の土地の一部が、江戸川の東岸に移りました。両村の領域は江戸川の両岸に分かれ、松戸宿と同じ側のすぐ上流に樋野口・小向両村の領域が新たにできたのです。

その後、寛保二年（一七四二）の洪水によって、直線化した新河道の流れがよくなり、逆に湾曲した従来の河道の水量は減りました。そのため、従来の河道に面していた平潟河岸には船が付けにくくなり、河岸の機能が低下することになりました。

一方、樋野口・小向両村は、江戸川東岸に新たにできた村の領域に家を建てたり、耕地を開発したりしました。そして、新たに河岸を開設し、そこで船宿が営業するようになったのです。船が河岸に停泊している間、船頭・水主ら乗組員の宿舎となり、食事など日常生活一切の世話をするのが船宿です。

そして、寛延三年（一七五〇）になって、両村の船宿は、河岸役永を上納する代わりに、松戸河岸と同様の河岸営業（運送業）を公認してほしいと幕府代官に願ったのです。代官の戸田から、この件に関する質問があったため、寛延三年一二月に、平潟河岸の権兵衛《ごんべえ》ら五人が次のように回答しています。問答風に記してみましょう。

問　松戸町（松戸宿）の内にある平潟の船宿（船問屋・河岸問屋）どもは、古来より「つや代」（河岸役永）を上納しているとのことだが、船宿一軒につきいくらずつ上納しているのか。

答　全体で永一一貫余を上納しており、家ごとに上納額には差があります。平潟河岸はじめ松戸河岸の船宿二四軒一軒につきいくらと決まっているわけではありません。

問　「つや代」は、いつから上納しているのか。

答　一三〇～一四〇年くらい前から上納しているということですが、そのころから三、四代ほど代替わりしていますので、はっきり何年からと覚えている者はおりません。

問　「つや代」は、いかなる理由で納めているのか。

答　船宿の数が必要以上に増えると、既存の船宿の営業に支障が出るので、新規の開業を抑制するために上納しております。

ここでは、河岸役永は松戸河岸の船宿二四軒が分担して負担しており、それはこの二四軒に船宿の独占的営業権を認めてもらう対価だと述べられています。また、先にみた元文四年（一七三九）の書付では、河岸役永は寛永三年（一六二六）以降納めてきたと記されていましたが、こちらでは上納開始の年については曖昧な言い方になっています。

そして、寛延四年（＝宝暦元年、一七五一）一月一六日に、松戸町の組頭《くみがしら》（谷田川《やたがわ》）六郎左衛門《ろくろうざえもん》ら五人は、船橋安右衛門《やすえもん》（松戸町を管轄する代官）の役所に、次のように届け出ています。

樋野口村と小向村から河岸役銭《かしやくせん》（河岸役永）を上納するようなことになれば、松戸河岸は潰れてしまいます。その旨を戸田忠兵衛様の御役所に申し上げたところ、御役所から、「樋野口村と小向村には、船宿九軒で、一軒につき金《きん》二両ずつ、合計金一八両を上納するよう申し渡した。この一八両を、代わりに松戸河岸から上納するつもりはあるか」と言われました。

そこで、「もし樋野口村と小向村の船宿を取り潰して下さるならば、両村から取り立てる御予定の河岸役銭一八両を、松戸河岸から上納しましょう」とお返事しました。

このように、松戸河岸では、従来納めてきた河岸役永一一貫余（＝金一一両余）を上回る額の負担を上乗せしてでも、樋野口・小向両村の船問屋の公認を阻止しようとしているのです。

・水戸藩の支援を求める

さらに、寛延四年一月二三日には、松戸の船宿の谷田川六郎左衛門（松戸宿の組頭も務めていました）が、水戸藩の目付《めつけ》役所宛の願書の下案《したあん》（原案）を作っています。そこには、次のように記されていました。

一《ひとつ》、松戸河岸は、古来より津役銭《つやくせん》（河岸役永のこと）を上納することによって、船宿の営業を認められており、水戸様（水戸藩）の御船宿も置かれてきました。以前は、小堀から廻ってきた艀下が、松戸で積み荷を元船《もとふね》（高瀬船などの本船）に積み移していました。その際には、私（谷田川六郎左衛門）が立ち会い、御船（水戸藩の船）などのお世話を取り計らってきました。

このように、松戸河岸は、古来より（水戸藩の）御船御用所《おふねごようしょ》（水戸藩の舟運関係の御用を務める所）の御威光によって、御用荷物は言うまでもなく、諸大名の船や商売船などの荷物の積み替えまで、滞りなく行なってきました。

そうしたところに、このたび樋野口村と小向村の九軒の者たちが、同地に河岸を開設して、自分たちを船宿として公認してほしいと願い出ました。彼らは、今から一八、九年以前（享保一六年）に、江戸川の新流路が開削されたため、その川筋に土地を借りて家を建てた者たちです。

樋野口村と小向村の願いが認められて、近接した場所に三か所（松戸・樋野口・小向）の津役場《つやくば》（河岸場）が置かれるようなことになっては、艀下からの積み替えの際に混乱が生じます。そうなると、私一人の力ではどうすることもできず、御役所様（水戸藩の目付役所）に御苦労をかけることになってしまいます。

一、水戸藩の御船が松戸河岸に出入りする際は、松戸河岸の者どもが駆け付けて働いてきました。そのため、先年もご褒美を頂戴し、特別にお料理をいただいたこともありました。ですので、私をはじめ村じゅうの者どもは、松戸河岸を水戸様の河岸と同様に考えてきました。

御船などで喧嘩口論があったときは、もちろん船宿たちが駆け付けますし、風雨が激しいときは夜中でも船のようすを見廻ります。また、松戸の名主・年寄（松戸宿の運営責任者）たちも、見廻りをしています。樋野口村と小向村に新たに船宿が公認されることによって、こうした御用向きが滞ってしまってはいけないと思い、こうして申し上げるしだいです。

一、戸田忠兵衛殿の代官所に差し出した願書の写しを、この間内々にお目にかけました。そこに書いたとおり、新規の河岸や船宿が認められては、一四〇年来津役銭を上納してきた松戸河岸や船宿の稼業が維持できなくなってしまいます。

戸田忠兵衛殿の代官所における吟味の際に、私どもは水戸様の御船宿だと申し上げましたが、証拠がないと言われて、聞き入れてもらえませんでした。また、水戸様の御船御用所が置かれてきたということについても、証拠がないと言われました。戸田忠兵衛殿のそうした認識に基づいて、樋野口・小向両村で新たに船宿が公認されることになれば、私どもが年来御船御用所を務めてきた甲斐がありません。どうか、松戸河岸が成り立っていくように、御公儀様《ごこうぎさま》（幕府）の勘定奉行所に働きかけてくださるようお願い申し上げます。

この文書のなかに「戸田忠兵衛殿の代官所に差し出した願書」というのが出てきますが、それは次のような内容でした。あわせて、あげておきましょう。

松戸河岸で毎年津役永（河岸役永）一一貫六五二文ずつ上納してきた理由については、前に戸田忠兵衛様の御役所で申し上げて、それを記録にとどめてもらいました。

（享保一六年に）江戸川の新流路が開削された結果、平潟河岸の船宿の前を流れる従来からの流路が埋まって、船の通航ができなくなってしまいました。一方で、三、四年前から、小向村の者たちが新流路に面した所に田畑を開墾したり家を建てたりして、松戸河岸同様の船宿稼業を始めました。そして、新規の船宿が賑わうようになったので、このほど津役永を上納したいと願い出たということです。

松戸の船宿は、水戸様の御手船御用所《おてふねごようしょ》（御船御用所）であり、ほかの御大名様方からも船印《ふなじるし》（船に立てる大名家の印を付けた幟《のぼり》）・提灯などをいただいています。そして、松戸河岸の上流にあたる庄内領《しょうないりょう》金杉村から、下流の行徳領堀江村までの一三里（約五二キロメートル）の間で、御船（水戸藩や諸大名の船）や商用船が難破したり、船で喧嘩口論が起こったりしたときには、松戸河岸の船宿が臨場して解決に当たってきました。また、この区間で濡れ俵（運送中に水で濡れてしまった積荷の俵）があったときには、松戸河岸の船宿が見届けて（水濡れの状況を記した）証文を発行することで問題を処理してきました。

この間小向村の新規の船宿が繁昌《はんじょう》したため、松戸河岸で津役永を上納してきた二四軒の船宿は年々困窮して、廃業する家も出てきました。今は、残った船宿が助け合って何とか津役永を上納しているありさまです。このまま、一四〇年来津役永を上納してきた船宿が家業を続けられなくなってしまうのは残念でなりません。樋野口村と小向村から上納を願い出ている津役永については、その分を松戸河岸の船宿たちから上納しますので、樋野口村と小向村の船宿は廃止するよう命じていただければありがたく存じます。

以上紹介した二点の文書からは、以下のことがわかります。

①　樋野口・小向両村からの出願が幕府代官戸田忠兵衛によって認められそうな形勢になったため、それを危惧《きぐ》した松戸河岸の船宿代表の谷田川六郎左衛門が水戸藩に支援を求めています。水戸藩は御三家（紀伊《きい》・尾張《おわり》・水戸の各徳川家）の一つという高い格式をもっていたので、水戸藩から幕府代官の上役である勘定奉行に働きかけてもらって、代官の意向を覆そうというわけです。

②　水戸藩に動いてもらうためには、それなりの理由付けが必要です。そこで、これらの文書では、松戸河岸と水戸藩の深いつながりが語られています。松戸河岸には水戸藩の御船宿（藩指定の船宿）があり、彼らが藩の御用荷物を大切に取り扱ってきたというのです。松戸河岸で水戸藩の船や乗組員の世話をしてきたことは事実でしょうが、正式に水戸藩の「御船宿」や「御船御用所」に指定されたというわけではなかったのかもしれません。証拠書類もなかったのでしょう。そのため、幕府代官には、松戸河岸の主張が受け入れてもらえなかったのです。

③　今回の問題が発生した背景には、幕府による江戸川の流路変更がありました。松戸宿のすぐ上流で流路が直線化されたことにより、樋野口・小向両村に新たに河岸と船宿が生まれたのです。そこに、今回の問題の原因がありました。新たな河岸や船宿が公認されては、松戸河岸に悪影響が生じます。なかでも、いちばん影響を受けるのは平潟河岸です。そこで、船宿たちは危機感を募らせて、水戸藩にはたらきかけたのです。

④　松戸河岸の主張を認めてもらうために、松戸河岸の船宿が、松戸の上流と下流の前後一三里の区間において、武家や民間の船で起こった諸問題の解決に当たるという特別な役目を果たしてきたことが強調されています。

・新河岸・船宿が公認される

しかし、谷田川六郎左衛門の運動も空しく、水戸藩から幕府に働きかけてもらおうという作戦はうまくいきませんでした。寛延四年四月九日に、谷田川六郎左衛門は、樋野口・小向両村の者とともに戸田忠兵衛の役所（代官所）に呼び出されて、「樋野口・小向両河岸の船宿は以前から営業しているので、引き続き営業を許可する。あらためて、津役銭（津役永）を上納する必要はない。松戸河岸でも、これまでどおり船宿の営業を続ければよい」と言い渡されました。代官戸田は、樋野口・小向両村に、津役銭の負担なしで、船宿営業を許可（公認）するという判断を下したのです。自らの管轄下にある樋野口・小向両村の利益を擁護したということでしょう。

しかし、六郎左衛門は、これにはとうてい承服できません。彼は、「松戸河岸（平潟河岸）は、現在「埋地《うもれち》同様の場所」（土砂が堆積して埋まってしまった場所）になってしまったため、船宿どもは困窮しています。今回、樋野口・小向両河岸が公認されれば両河岸はますます繁栄し、松戸河岸には悪影響が及びます」と主張しました。

さらに、寛延四年四月に、平潟河岸の船宿一五人と組頭（谷田川）六郎左衛門（船宿）は、松戸宿の名主・年寄とともに、幕府代官船橋安右衛門（松戸宿を管轄する代官）の役所に、次のように願い出ています。

恐れながら書付をもって願い上げたてまつります

松戸河岸では、江戸川に面して家を作り、先年より船宿を家業としてきました。万治《まんじ》元年（一六五八）からは、御領主様から渡される諸税納付命令書にも明記されて、河岸役銭（河岸役永）を毎年永一一貫六五二文ずつ上納し、水戸様の御用所や御大名様方の船宿を務めてきました。

ところが、享保一七年（一六年の誤り）に、平潟河岸から四、五町《ちょう》（一町は約一〇九メートル）上流の古ケ崎村で江戸川を分水して、小向村までの新川《しんかわ》（新しい水路）が掘られました。新川は、最初は船が通れるような状況ではありませんでしたが、寛保二年（一七四二）の増水のときに激しく水が流れたため、新川の水深が深くなって船が通れるようになりました。逆に、それ以降、松戸河岸（平潟河岸）前の古川《ふるかわ》（従来からの流路）は年々土砂で埋まってしまいました。

すると、四、五年前から、樋野口・小向両村の者どもが、新川の近くに田畑を開いたり家を建てたりするようになりました。そして、二、三年前からは、松戸河岸と同様の船宿を営むようになり、新しいせいか大いに賑わっています。そのため、松戸河岸では、船宿の営業に支障が出て困っています。

もちろん、松戸河岸では、今でも以前からの決まりによって、上流の庄内領金杉村から下流の行徳領堀江村までの一三里の間を受持ち区間として、御大名様方の船や民間の商用船が難破したり、船で喧嘩口論が起こったりしたときは、船宿が立ち会って問題を解決しています。江戸川を通行する船で問題が起こったときには松戸河岸の船宿が立ち会うよう、水戸様や御大名様方から命じられているのです。さらに、艀下の積み荷に水に濡れた物があったときは、松戸河岸の船宿どもが見届けて、水濡れの状況を記した証文を（水戸藩や大名へ）差し出しています。昔から、小堀・関宿・松戸の三か所で、それぞれ利根川・江戸川の担当区域を決めたうえで、三か所の船宿たちが上記の役目を果たしてきました。そして、船宿の営業収入が、上記の役目を果たすための助成になっているのです。

ところが、このたび樋野口・小向両村の者どもの船宿が公認されれば、松戸河岸の船宿は営業が困難になってしまいます。そして、これまで毎年上納してきた河岸役銭も上納できなくなってしまうでしょう。そこで、樋野口・小向両村の船宿に営業停止を命じていただければありがたく存じます。

平潟河岸の船宿たちは、上記の願書を、松戸宿を管轄する代官船橋安右衛門の役所に差し出しました。しかし、はかばかしい回答が得られなかったため、寛延四年五月に、谷田川六郎左衛門が、あらためて水戸藩の目付役所に願い出ています。そこでの主張は基本的には従来と同様ですが、そのなかの主要な点だけを以下に記しましょう。なお、この文書では、江戸川のことを「利根川」と記しています。江戸時代に、民間では、江戸川を利根川と呼ぶことも多かったのです。

① 船宿たちは、松戸河岸で艀下から元船に荷物を積み替える際に立ち会ってきた。
② 樋野口・小向両村の船宿の営業停止を最初に願い出たのは、寛延三年（一七五〇）一二月である。
③ 松戸（平潟）河岸の前の江戸川の水量が減って船が通らなくなっても、松戸河岸に水戸藩の

御船御用所が置かれているおかげで、「御穀宿《おこくやど》」（水戸藩の年貢米を運ぶ船の乗組員たちの宿泊施設）としての営業も続けられているし、民間の商用船の乗組員も船宿に宿泊してくれる。

こうした平潟河岸を中心とする松戸河岸の運動にもかかわらず、樋野口・小向両村の河岸と船宿は結局公認されてしまいました。享和《きょうわ》三年（一八〇三）には、小向村河岸に六軒、樋野口村河岸に三軒の船問屋（船宿）がありました。

一方、一八世紀後半以降、平潟河岸に船が碇泊《ていはく》して荷物の積み下ろしをすることはますます困難になり、船宿たちはしだいに運送業から撤退して、宿屋業に専念するようになりました。平潟は、河岸から宿屋街・歓楽街へと性格を変えていったのです。享和二年（一八〇二）に作成された文書には、平潟河岸の旅籠屋（宿屋）一五人が連署して、「私どもは、昔から平潟河岸に住んで、旅籠屋と船問屋を兼営しており、飯売り下女を抱えて営業してきました」と記されています。ただし、文書の内容は旅籠屋に関するもので、船問屋の稼業についてはまったく触れられていません。また、文化元年（一八〇四）の文書では、彼らのうち一二軒の肩書については旅籠屋とのみ記されています。一九世紀に入る時点で、平潟はほぼ宿屋街になっていたと思われます。平潟河岸の船宿たちは、宿屋に専業化することで、時代の変化に対応していったのです。また、納屋河岸と下河岸は、商品流通の発展にともなって、一八世紀後半以降も河岸場として栄えていきました。

第二章　納屋河岸と河岸問屋・青木源内家

第一節　納屋河岸での鮮魚輸送

・納屋河岸と青木源内家

松戸宿には、平潟河岸・納屋河岸《なやがし》・下河岸《しもがし》（渡船場河岸《とせんばがし》）という三つの河岸がありました。平潟河岸については、第一章で述べたとおり、しだいに河岸機能を失っていきました。下河岸については、ほとんど史料が残されていません。そこで、本章では納屋河岸における鮮魚輸送の具体像について、河岸問屋を務めた青木源内《げんない》家の文書を使って述べていきましょう。同家には、江戸時代以降の貴重な文書が、多数大切に伝えられています。

元禄《げんろく》一二年（一六九九）には、納屋河岸に与兵衛《よへえ》・六兵衛《ろくべえ》・太郎兵衛《たろべえ》・徳左衛門《とくざえもん》の四人が屋敷を所持していましたが、享保《きょうほう》一六年（一七三一）の江戸川の河道変更によって地形が変わったため、延享《えんきょう》元年（一七四四）に納屋河岸の検地《けんち》（土地の調査）が行なわれ、さらに翌延享二年には、納屋河岸の地が駿河国《するがのくに》田中に本拠をもつ田中藩本多《ほんだ》家の領地になりました。松戸宿は全体が幕府領でしたが、延享二年以降は納屋河岸の部分が田中藩領になったのです。なお、田中藩の領地の一部は、納屋河岸以外にも、現松戸市域の根本《ねもと》村・千駄堀《せんだぼり》村など下総国《しもうさのくに》（現千葉県）の各所にありました。

図６　現在の納屋河岸

田中藩が下総国の領地からの年貢米を江戸に積み出す河岸は、それまで松戸の上流で江戸川に接する根本村にありましたが、河道の変更によってそこが使えなくなったため、新たな河岸場として、幕府から納屋河岸の地を与えられたのです。納屋河岸には、田中藩の御用《ごよう》河岸《がし》（直轄の河岸場）のほかに、源内（利倉屋《とくらや》、青木家）、市左衛門《いちざえもん》（田金屋《たがねや》）、太右衛門《たえもん》（利倉屋）、八《はち》右衛門《えもん》、平十郎《へいじゅうろう》（田中屋）、太郎右《たろうえ》衛門《もん》、与五右衛門《よごえもん》（池淵屋《いけぶちや》）、伝左《でんざ》衛門《えもん》の八人が所持する河岸場もありました。河道の変更は、平潟河岸の河岸機能の低下をもたらした反面、納屋河岸の前の江戸川が適度な水深となったため、納屋河岸にとっては

図7　現在の青木源内家

発展の契機になったのです。

河道の変更とともに、納屋河岸が発展するようになったもう一つの契機は、一八世紀前半以降、銚子からの鮮魚輸送が本格的に始まったことでした。納屋河岸では源内（青木家）が、下河岸では太兵衛《たへえ》（梨本《なしもと》家）が、それぞれ河岸問屋（船問屋）として鮮魚輸送を中心的に担いました。太兵衛家は、源内家の分家だとされています。

なお、源内は天明《てんめい》五年（一七八五）に松戸宿の名主代《なぬしだい》（名主代理）、享和《きょうわ》三年（一八〇三）、文化《ぶんか》元年（一八〇四）、天保《てんぽう》一二年（一八四一）に年寄を務めているように（ほかの年にも務めたと思われます）、松戸宿全体の運営に携わる役人にもなっていました。

源内家の先祖は、豊臣秀吉の七奉行の一人といわれた青木一重《かずしげ》だと伝えられています。だとすると、豊臣氏の滅亡後に、民間に下って松戸に移住したのでしょう。なお、青木一重の嫡流の子孫は、江戸時代には大名（麻田《あさだ》藩主）になっています。

青木家に伝わる系図によると、同家の初代は三郎兵衛《さぶろべえ》といい、元禄八年（一六九五）に没しています。二代目以降、代々源内を名乗るようになりました。江戸時代における歴代当主の没年を、以下に記します。

二代源内　延享二年（一七四五）没
三代源内　天明五年（一七八五）没
四代源内　文化八年（一八一一）没
五代源内　文政《ぶんせい》一一年（一八二八）没
六代源内　嘉永《かえい》元年（一八四八）没
七代源内　文久《ぶんきゅう》元年（一八六一）没
八代源内　明治二九年（一八九六）没

なお、同家は屋号を利倉屋《とくらや》といいました。

松戸みち（鮮魚街道《なまみち》）による鮮魚輸送の活発化と時を同じくして、一八世紀には、松戸河岸の後背に広がる下総台地上にある幕府領の林野で薪《まき》・炭・材木の生産がさかんになり、それらが松戸河岸から江戸や本行徳《ほんぎょうとく》村へ出荷されるようになりました。本行徳村では塩業がさかんだったので、製

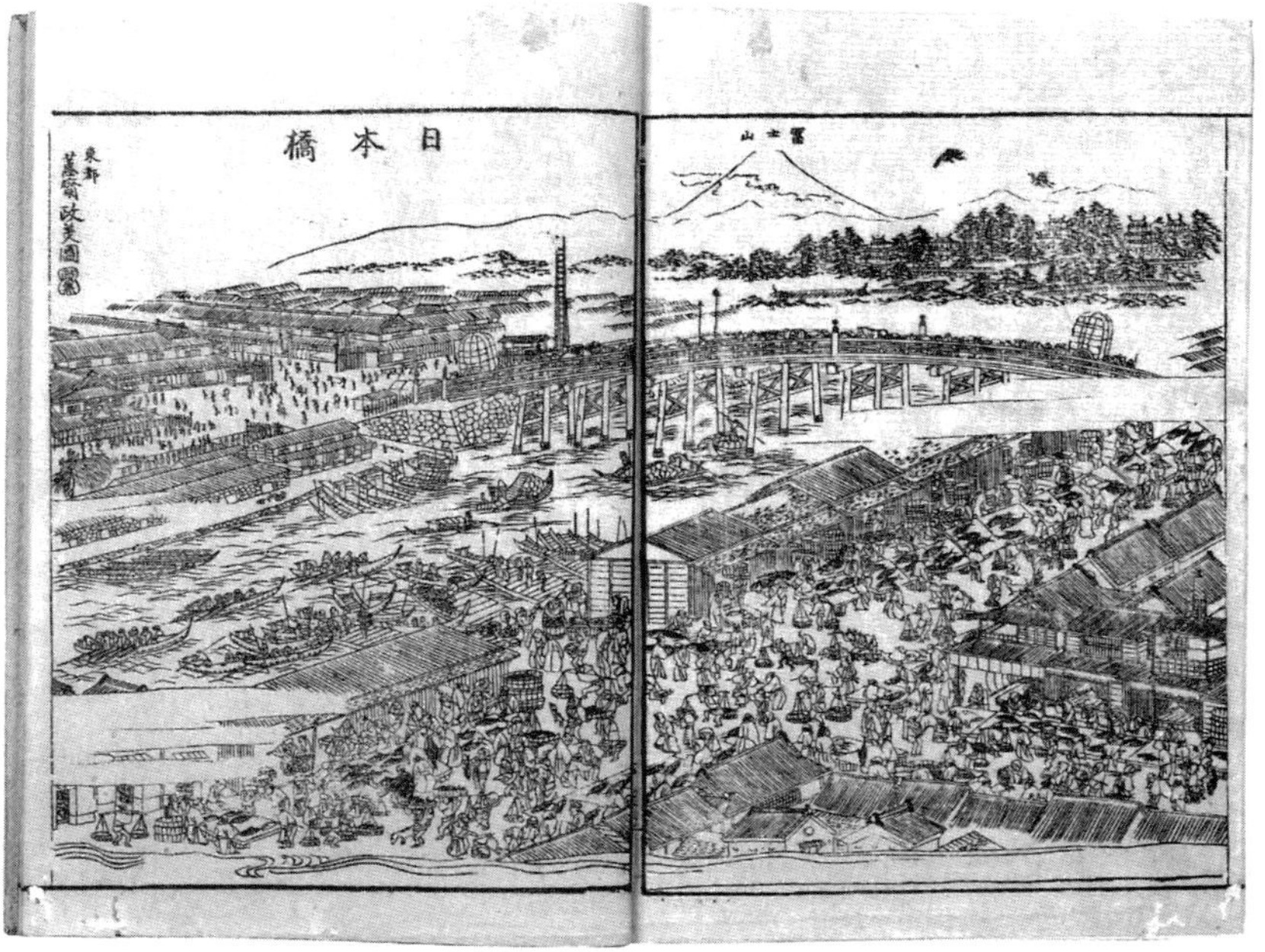

図 8 日本橋（『東海道名所図会』、『特別展　川の道　江戸川』より転載）
手前が日本橋魚河岸です。道の両側の家が魚問屋で、道の中央の台の上にも魚が並べられています。

塩の燃料にされたのです。出荷量は年々増加し、とくに寛政《かんせい》五年（一七九三）以降は、幕府の増産方針もあって、椚炭《くぬぎずみ》が大量に出荷されるようになりました。納屋河岸には、葉柄屋《はがらや》という薪・炭などの林産物を専門に扱う業者が四軒もありました。源内家も、鮮魚とともに薪・炭も扱っています。こうした諸荷物の輸送のほかに、松戸河岸では旅行者の輸送も行なっていました。

天保年間（一八三〇〜一八四四）頃には、納屋河岸に船問屋源内と船持《ふなもち》（持ち船で運送業を営む者）三人、船乗り（自分の船を持たない船員）一人がおり、下河岸には船問屋太兵衛と船持五人、船乗り三人、船大工《ふなだいく》一人、平潟に船乗り一人が住んでいました。一九世紀には、納屋河岸と下河岸が松戸河岸の中心だったのです。船持・船乗りの人数は、実際はもっと多かったかもしれません。

・松戸河岸での鮮魚輸送

松戸河岸の特色は、取扱量のなかで鮮魚荷物が大きな比重を占めたことでした。

銚子から江戸日本橋までの鮮魚街道を使った輸送のモデルケースは、

第一日夕刻（銚子発）↓第二日未明（布佐《ふさ》着）↓第二日昼まで（松戸着）↓第二日夕刻～夜（日本橋着）↓第三日朝に日本橋魚市場で売買

あるいは、

第一日昼（銚子発）↓第一日午後四時頃（布佐着）↓第一日午後一〇時頃（松戸着）↓第二日未明（日本橋着）↓第二日朝に日本橋魚市場で売買

といったものでした。もちろん、これに当てはまらないケースもありました。

宝暦《ほうれき》五年（一七五五）の、布佐村の問屋源左衛門《げんざえもん》から松戸河岸の問屋利倉屋源内に宛てた運送費の帳簿によると、一月と二月のみの記録ですが、一月の取扱量が五日分で合計八九七籠《かご》（一日平均一七九籠）、二月が一〇日分で合計四五〇九籠（一日平均四五一籠）となっています。銚子では毎日水揚げがあったわけではなく、二月の場合は三日に一度の割で水揚げがあったのです。

二月の輸送量は一日平均四五一籠であり、一駄《だ》（一疋《いっぴき》の馬に積む荷物）は一〇籠（一籠は約一一キログラム）なので、要した馬は一日に四五疋（＝四五駄）となります。一駄の重量が三〇貫《かん》（約一一三キログラム）とすると、一三五〇貫（約五〇六三キログラム）の鮮魚荷物が松戸を通過したことになります。一日に約五トンの魚が届いたわけですから、河岸は相当賑わったことでしょう。なお、松戸河岸から江戸日本橋までの船の積載量は、一艘に三〇〇籠までとされていました。もっとも、以上は布佐村の源左衛門から源内に送られた分だけであり、松戸河岸の河岸問屋としてはほかに下河岸の太兵衛もいましたから、松戸河岸で取り扱った鮮魚荷物はもっと多かったはずです。

なお、宝暦一二年（一七六二）には、三四五三駄の鮮魚荷物が松戸河岸に着いています。さらに、文化年間（一八〇四～一八一八）には一万駄ほどに増えています。海での漁は冬期にさかんに行なわれたので、冬場には松戸河岸にたくさんの馬が行き交ったことでしょう。

松戸河岸では、送られてきた鮮魚荷物を荷足船《にたりぶね》（川船の一種）などの運搬船に積み込み、夜八ツ《やつ》時《どき》（午前二時頃）までに日本橋の魚市場に届けました。

松戸下河岸の問屋太兵衛方に送られた魚のなかには、コイ・フナ・ナマズ・ウナギなどの川や沼で獲れたものも多く、それらは桶《おけ》や生《い》け簀《す》にいれて江戸へ運ばれました。なお、太兵衛の家のある下横町《しもよこちょう》には、松戸宿の魚屋七軒のうち五軒が集まっていました。魚は、太兵衛からこれらの魚屋に売られ、そこから松戸宿内や近隣の村々にも売られたのでしょう。

・鮮魚輸送の仕組みと運上金

宝暦一三年（一七六三）五月に、松戸宿の魚問屋《うおどんや》（河岸問屋、文書には鮮荷宿《なまにやど》とあります）の源内と太兵衛が、幕府役人の鮮魚輸送の実態調査に対して、次のように回答しています。

私ども（源内・太兵衛）は、下総国相馬郡布佐村《しもうさのくにそうまぐんふさむら》から陸路を運ばれてきた鮮魚荷物を引き受けて、船で江戸まで送っています。その利益に対して、これまでは冥加金《みょうがきん》（営業税）を納めてきませんでした。ところが、かなりの利益があがっているという情報がお耳に入り、それなら今後は運上《うんじょう》金《きん》（＝冥加金、営業税）を上納するようにと仰せ付けられました。それについて、以下に実状を申し上げます。

鮮魚荷物は、布佐村で馬に積まれ、その多くは、印旛郡《いんばぐん》平塚村や葛飾郡金ケ作村《かつしかぐんかねがさくむら》を通って松戸宿まで運ばれます。ときには、小金町《こがねまち》（水戸道中の宿場）を経由することもあります。

年によって増減はありますが、毎年八月から翌年四月までの間に、おおよそ三四〇〇〜三五〇〇駄の荷物が松戸宿まで運ばれてきます。

一駄につき、駄賃のうちから、銭《ぜに》八文を馬の飼料などに充てます。このうち二文は、中野牧《なかのまき》（幕府の馬の放牧場である小金牧《こがねまき》の一つ）の出入口にある木戸を夜中に開けてもらって通るとき、その番人に渡す分です。残りの六文を、馬の糠《ぬか》・藁《わら》代（飼料代）として、魚問屋から差し出します。

鮮魚荷物は、松戸宿から小型の運搬船に積んで、江戸の小田原町《おだわらちょう》（魚市場の所在地）まで送ります。その船賃《ふなちん》（運送費）は銭三四八文です。そのうち二四文を水主《かこ》（船乗り）の弁当代として差し引くので、正味《しょうみ》の船賃は三二四文です。

魚問屋では、庭銭《にわせん》（荷物の保管料）や積立世話人賃銭《つみたてせわにんちんせん》（荷物を船に積み込む際の世話料）は受

図9　小金牧を描いた浮世絵（歌川広重「冨士三十六景　下総小金原」、松戸市立博物館蔵）
江戸時代の牧の馬は半野生状態で、原野に放し飼いにされていました。

け取っていません。また、船賃のうちからも、口銭《こうせん》（手数料）などは取っていません。そのため、魚問屋の利益は少なく、とても運上を差し出すような余力はございません。

昨宝暦一二年に私どもが取り扱った鮮魚荷物は、三四五三駄でした。布佐村からは、馬一駄で鮮魚一〇籠を運ぶことを基準にしています。しかし、馬持《うまもち》のほうで、三駄分の荷物（三〇籠）を二駄（二疋）で運ぶこともあります。

御役人様からは、「われわれは、無理に運上金を出せと言っているのではない。しかし、今回、運上金を差し出さないと、後日、ほかの者が、『運上金を差し出しますので、鮮魚荷物の取り扱いを許可してください』と願い出た場合、それを許可することになろう。そうなれば、競争相手が増えて、かえってお前たち（源内・太兵衛）の商売に支障が出るのではないか。だから、今、独占的営業を公認してもらう御礼として、運上金を上納したほうがよいのではないか」と説得されました。

私どもも、そのご説明に納得しました。そこで、以後は、毎年金一両ずつを、魚問屋を営む冥加金として上納したいと存じますので、よろしくご検討ください。ただし、金額については、何とおっしゃられようと、これ以上増額することは困難です。

以上が、幕府役人の調査と運上金（冥加金）上納要求に対する、源内・太兵衛の返答です。この返答書について、松戸宿の名主次郎右衛門《じろうえもん》・宗蔵《そうぞう》、年寄九兵衛《きゅうべえ》・甚八《じんぱち》、百姓代《ひゃくしょうだい》佐兵衛《さへえ》（名主・年寄・百姓代はいずれも松戸宿を運営する宿役人《しゅくやくにん》で、松戸宿の住人が務めました）が、次のように付け加えています。

源内と太兵衛が申し上げたことは、少しも間違いございません。冥加金の額も、適当だと存じます。この件について、松戸宿としても支障はありません。なお、源内と太兵衛が魚問屋を廃業するようなことがあっても、私ども（松戸宿の名主・年寄・百姓代）が責任をもって後任を探して、冥加金は末永く確実に上納するようにいたします。

この文書は、幕府役人が、源内・太兵衛に、運上金（冥加金）を差し出すよう求めたのに対する二人の返答書です。そこに記された鮮魚輸送の仕組みは、次のようなものです。

布佐河岸から鮮魚荷物を馬で運んできた馬士《まご》（馬を牽《ひ》いて荷物を運ぶ者）たちは、その運送料を布佐の河岸問屋から受け取ります（運送料は最終的には荷主の負担になります）。また、馬士たちは、鮮魚街道を使って松戸に来る途中で中野牧（幕府直営の馬の放牧場）の中を通りますが、通るのが夜中になることもあります。その際には、特別に夜中に通らせてもらう通行料として銭二文を中野牧の出入口にいる番人に渡します。そして、源内たちは、荷物が松戸に着いたときに、馬士たちに通行料の銭二文に加えて、馬の飼料代として一駄につき銭六文を渡すのです。この分は、荷主には請求しません。源内たちも、馬士たちの運送料の一部を負担しているわけです。

松戸河岸から江戸まで鮮魚荷物を船で運ぶ船賃（運送料）三四八文（一〇籠につき）も、最終的には荷主が負担します。そのうち二四文は、水主（船乗り）の弁当代に充てられます。それを引いた残りの三二四文は、源内・太兵衛が自分の所有する船で運んだ場合は、彼らが荷主から受け取ります。そこから、水主たちに賃金を渡すのでしょう。源内・太兵衛は、自分たちが船に乗って操縦するわけではなく、実際の運航は船頭や水主に任せていました。鮮魚荷物を源内・太兵衛以外の船持が運んだ場合は、船賃はその船持が源内・太兵衛から受け取ります。この場合も、船賃は最終的には荷主の負担になります。

ほかに、源内たちは、松戸河岸において鮮魚荷物輸送の差配をすることに対する報酬（手数料）を荷主から受け取ります。ただし、荷物の一時保管料などは受け取りません。そのため、源内たちには、運上金を出すほどのまとまった利益はないけれども、運上金を出せばそれによって松戸宿で独占的に河岸問屋営業をすることが認められるので、源内たちは各自が年に金一両ずつだったら運上金を上納したいと言っているのです。運上金は、単なる営業税ではなく、他者の河岸問屋業への新規参入を防ぎ、松戸宿内での営業の独占を保障してもらう対価という意味ももっていました。

・本行徳村の異議申し立てと松戸宿の反論

以上の運上金上納についての源内らの意向に対して、行徳みち（木下街道《きおろしかいどう》）の終点に当たる下総国本行徳村から、早速幕府に次のような反対意見が出されました。

銚子などで水揚げされた鮮魚は、これまでは、利根川を遡《さかのぼ》って、木下河岸で陸揚げされ、そこから大森村・白井《しろい》村・鎌ケ谷《かまがや》村・八幡宿《やわたしゅく》を通って本行徳村に運ばれ、さらに江戸小田原町の魚問屋まで届けられてきました。

ところが、近年、布佐村が、別の道筋（松戸みち）を使って、鮮魚荷物を松戸宿に送り、そこで船積みして江戸まで運ぶようになりました。その際、幕府に運上を差し出すことによって、布佐から松戸まで、途中で荷物を別の馬に積み替えることなく直送しています。

そのため、本行徳村に来る荷物が減ってしまい、村人たちが困窮するようになりました。年貢などを上納することも困難なありさまです。どうか、松戸宿に対して、鮮魚荷物を引き受けないようお命じください。

本行徳村では、この当時、松戸宿に荷物が流れるため、村民の仕事が減って困っていました。そうしたところに、今回、源内らが運上金を納めることによって、彼らの荷受けの権利が公認されてしまえば、さらに本行徳村に来る荷物量が減ると危機感を強めました。そこで、幕府に、彼らの荷受け権を認めないでほしいと願ったのです。

これに対して、宝暦一三年七月に、松戸河岸の鮮魚荷宿《なまにやど》（魚問屋・河岸問屋）の源内・太兵衛と松戸宿の名主二人・年寄二人が幕府代官渡辺半十郎《はんじゅうろう》の役所に、次のような返答書を差し出して反論しています。

鮮魚荷物を松戸宿まで付け送り、松戸河岸で船積みするやり方は、徳川家が関東を領国になさったときに始まったことだと伝えられております。江戸川を下る船が不足するときは、鮮魚が江戸に着くのが遅れてしまうので、宝永《ほうえい》二年（一七〇五）には、鮮魚荷物を積んできた馬で、そのまま江戸川対岸の金町松戸関所《かなまちまつどせきしょ》を通って、江戸小田原町まで付け通すことを認めていただきました。そして、夜間に関所を通るときには、松戸宿の名主の印を押した木札（通行証）を、松戸宿で馬の牽き手に渡し、馬の牽き手がそれを関所に提出すれば、夜間でも通行できるようにしてもらいました。もっとも、荷物のほとんどは江戸川を船で積み下しています。

鮮魚荷物の出荷元は、陸奥国《むつのくに》小名浜《おなはま》・常陸国《ひたちのくに》鹿島《かしま》・湊浜《みなとはま》・河原子浜《かわらごはま》・下総国海上郡《うなかみぐん》銚子など多岐にわたっています。それらすべてを松戸河岸で船積みしているのですから、新たに始まったことなどではありません。もちろん、新規に船積みを依頼してくる荷主もいます。また、どこからであれ、運ばれてきた荷物を船積みしなければ、河岸場の役目を務めている意味がありません。

　荷主の意向で本行徳村に運びたいというときは、本行徳村も河岸場ですから、松戸宿で異議を唱えることはありません。反対に、荷主が、これまで本行徳村に送っていた荷物を、以後は松戸河岸から積み出したいと言ってきたなら、それを引き受けても何の問題もないはずです。

　総じて、荷主の意向に応じて、どこの荷物でも運ばなければ、河岸の役目を果たすことができません。ですから、松戸宿で鮮魚荷物を引き受けてはいけないという理由はありません。また、松戸宿から、運上の上納と引き替えに、鮮魚荷物を引き受けたいと申し出たこともありません。運上の取り調べは、渡辺平十郎様の御役所の御意向で始まったことで、松戸宿から言い出したことではありません。

　松戸宿では、これまで毎年多額の河岸役永《かしやくえい》を上納しているので、さらに別の上納金を差し上げてまで、引き受けてはいけない荷物を引き受けようとするいわれはありません。この件で、荷主たちに手を回したことなどないのも明白です。

　本行徳村では、布佐村から松戸宿までの新たな輸送経路がつくられたと主張していますが、それは松戸宿ではあずかり知らぬことです。また、本行徳村では、「松戸宿から運上金を差し上げている」などと言っていますが、運上の件はまだ検討されている最中で、決まったことではありません。

　松戸宿は、数艘分の舟株《ふなかぶ》（持ち船を使って舟運業を営む権利）をもち、河岸役（河岸役永上納など河岸が果たすべき役目）も務めていますが、本行徳村では、そうしたことを確認せずに、松戸宿に荷物を引き受けさせないでほしいと、理不尽な出願をしているのです。こうした鮮魚輸送への妨害行為は、とうてい納得できないものです。もちろん、松戸宿が、古来より諸荷物を引き受けて、河岸役を務めてきたことは間違いありません。

このように、源内たちは、鮮魚輸送は古くから行なってきた既得権であると主張して、松戸河岸での鮮魚輸送を抑圧しようとする本行徳村の主張に対して真っ向から反論しています。そして、松戸河岸では、毎年、河岸に賦課される義務的負担として河岸役永を納めていることを、河岸営業の正当性の根拠にしています。実際、宝暦二年の年貢割付状《ねんぐわりつけじょう》（幕府から松戸宿に宛てて出された、年貢・諸税の納付命令書）には、河岸役永四貫一五二文と、平潟河岸役永七貫五〇〇文が記載されています。安永《あんえい》四年（一七七五）と寛政一一年（一七九九）の年貢割付状でも同様です。そうしたこともあって、結局、本行徳村の主張は認められませんでした。なお、河岸役永は納屋河岸と下河岸が、平潟河岸役永は平潟河岸が、それぞれ納めるもので、金額は史料によって若干の異同があります。

また、宝暦一三年の時点では、すぐに運上を納めることにはなりませんでしたが、その後、安永三年（一七七四）に幕府の河岸吟味があった際に、源内と太兵衛は、高瀬船問屋株（高瀬船などを使って河岸問屋を営業する権利）を公認される代わりに、毎年一人永三〇〇文（金一両の四分の一強）ずつの運上を納めることになりました。そして、運上を上納する見返りとして、以後ほかの者が松戸宿で新規に河岸問屋を開業することは禁止されました。

第二節　一八世紀後半の青木源内家

・積み荷の抜き取り事件が起こる

本節では、一八世紀後半に、（青木）源内家が河岸問屋として対応したさまざまな問題についてみていきましょう。最初に取り上げるのは、積み荷の抜き取り事件です。

明和《めいわ》四年（一七六七）三月三日に、河岸問屋利倉屋源内が、銚子からの魚荷物を引き受けて、船で江戸に向けて積み出しました。ところが、その船の乗組員だった弥平治《やへいじ》・久四郎《きゅうしろう》・五兵衛《ごへえ》の三人が、途中で魚を抜き取り、隠してしまうという事件が起こりました。そのことが荷主である銚子の問屋たちに発覚し、問屋たちは幕府に訴え出る姿勢を示しました。そうなっては大ごとです。彼らを雇った源内も監督責任を免れません。そこで、源内は銚子の問屋たちに頼み込んで、何とか内々に済ませてもらいました。

こんなことかあったので、源内は、明和四年三月に、銚子の問屋たちに宛てて、「以後、私（源内）方から積み出した荷物が、江戸に着くまでの間に少しでもなくなるようなことがあれば、幕府に訴えるなど、どのように対処してくださっても文句はありません」と記した一札《いっさつ》（書面）を差し出しています。

しかし、安永八年（一七七九）にも、また魚荷物の抜き取り事件が起こりました。布佐河岸の問屋石井源左衛門《げんざえもん》と松戸河岸の源内が引き受けて、江戸に送った荷物を、江戸の魚問屋が確認したところ、籠の中に、魚の代わりに、石や芝土《しばつち》（草と土）などが入っていたのです。江戸問屋から知ら

図 10
国府台と江戸川（歌川広重「関東名所図会」、『特別展　川の道　江戸川』より転載）
国府台（現市川市）下の江戸川を、帆を張った川船が続々と上ってきます。

せを受けた荷主の商人たちは、石井源左衛門と源内を問いただしました。源左衛門と源内が、馬方《うまかた》（馬の牽き手）や船頭を取り調べたところ、芝土を入れたのは布佐から松戸まで魚を運んだ馬方の仕業《しわざ》で、石を入れたのは松戸の船頭であることが判明しました。

怒った荷主たちは、以後、荷物はほかの河岸を使って送ると言い出しました。荷主たちは、源左衛門と源内にとっては年来の馴染《なじ》みの取引相手です。今回のことで取引をやめられては、源左衛門と源内にとっては、外聞も悪いし、営業面でもマイナスになってしまいます。そこで、二人は、荷主の商人たちのうち飯沼村在住の四人を仲介役に頼んで、商人たちに詫びを入れたところ、商人たちも謝罪を了承してくれました。

それを受けて、源左衛門と源内は、安永八年一二月に、縄舟《なわぶね》（延縄《はえなわ》漁業を行なう漁船）の船頭（漁師）たちと商人たちに宛てて、「今後、荷物を馬や船で運んでいるうちに、少しでも今回のような不埒《ふらち》・不法な行為があった場合は、荷物一個につき金一両を弁償します。さらに、事件処理の際にかかった経費は、すべてこちらで負担します」と記した書付《かきつけ》（書面）を差し出しています。

安永八年には、積み荷抜き取り以外の点も問題になりました。同年に、飯沼村の商人と漁師たちは、以下の点で源内を批判しています。

① 源内は、近年、鮮魚荷物を過分に船積みしている。そのため、潮の加減によっては船が新川《しんかわ》・小名木川《おなぎがわ》を通行できないこともあるという理由で、水主（船の乗組員）の人数を増やしている。そして、増やした水主に払う賃金を荷主に負担させているが、これは筋違いである。

従来から、鮮魚荷物については、積載量を制限し船足《ふなあし》を早くして短時間で江戸に届けるために、ほかの荷物よりも多額の船賃（運送費）を払っている。そのうえに、人数を増やした分の水主の賃金まで、荷主が負担するいわれはない。

② 近年、鮮魚荷物を積んで松戸河岸を出た船が、新川で停留していたために、江戸の魚市《うおいち》に間に合わなかったことがしばしばある。一刻を争う荷物を積んだ船を停船させておくとは不埒である。

③ 漁が続いて、鮮魚荷物が毎日たくさん松戸に届いたときに、積む船がないなどと言って、

手船《てぶね》（源内が所有する船）が江戸から戻るのを待っているのは不埒である。手船が出払っているなら、ほかの船を雇って、荷物が松戸に着きしだい、すぐに積み出すべきである。

①は、荷物の過積載に対する批判です。一艘の船により多くの荷物を積めば、使う船の数が少なくて済みます。しかし、荷物が多いと船が重くなり、喫水《きっすい》（船体の水中に没している部分の深さ）が深くなります。新川・小名木川は江戸湾に近いので、潮の干満の影響を受けて水位が変化します。そのため、水位が下がったときには、船底が川底とぶつかって船が進めなくなる危険が生じます。そうならないように、積み荷をほかの小船（艀下《はしけ》）に移して船を軽くし運行可能にするのですが、そのための作業員として、源内が余分の水主を船に乗り組ませ、その賃金を荷主に負担させているというのです。荷主は、迅速な輸送のために、あらかじめ割増の船賃を払っているのだから、そのうえ余分の水主の賃金まで払ういわれはないと主張しているのです。

以上の、飯沼村の商人と漁師たちの指摘に対して、源内は、安永八年一一月に、「松戸河岸から江戸までの運送は、私が庭銭（ここでは手数料のこと）を受け取って差配しています。近年、不埒な行為があるとのご指摘を受け、一言の弁解もできません。以後は、不埒な行為がないように気を付けます。万一、今後も違反行為があった場合は、ほかの者に運送を委託されても致し方ありません」と述べています。源内は、問屋を変更されては困るので、荷主に対しては弱い立場にあったのです。

その後、天明七年（一七八七）にも、鮮魚荷物の抜き取り事件がありました。源内の荷物の運送を請け負った行徳領当代島村《とうだいじま》（現浦安市）の藤右衛門《とうえもん》が、同年二月三日に、運搬途中の籠から魚を抜き取ったのです。これが江戸小田原町の魚問屋や宰領《さいりょう》（荷物に付き添って銚子から江戸まで行く運送の監督者）たちに見とがめられました。この件は、銚子の荷主たちと源内の間で解決方法について話し合われましたが、なかなか合意に至っていません。

以上みてきた抜き取り事件は、いずれも直接には源内から運送を請け負った者たちの仕業でしたが、委託した源内も監督責任を問われたのです。源内としても、扱う荷物を安定的に確保するためには、「自分の責任ではない」と突っぱねるわけにはいきませんでした。

・駄賃の額をめぐるやり取り

天明六年（一七八六）には、銚子の飯沼村の荷主たちと、布佐河岸の問屋源左衛門・松戸河岸の問屋源内らとの間で紛争が起こりました。

鮮魚荷物を布佐河岸から松戸河岸まで運ぶときの駄賃（馬での運送費）は、以前から決められた額を荷主が負担してきました。ところが、天明六年秋に、問屋（源左衛門と源内）と馬持（持ち馬で荷物を運ぶ者）が、荷主に相談なく駄賃の増額をしたのです。

これに反発した荷主たちは、荷物を布佐や松戸に送るのをやめました。取り扱い荷物が減って困った問屋と馬持は、自分たちの心得違いを認めて、荷主たちに詫びを入れ、荷主たちもそれを了承しました。

そこで、源左衛門と源内は、天明六年一二月に、銚子飯沼生荷物宰領中《なまにもつさいりょうちゅう》（飯沼村からの鮮魚荷物運送の監督者）に宛てて、次のような一札を差し出しています。

以後は、駄賃・船賃（松戸河岸からの船の運送費）とも、規定額以外は一銭たりとも受け取りません。荷主たちの了承を得たうえで運送費を増額することはあり得ますが、荷主に知らせずに、あなた方（宰領たち）との相対《あいたい》で増額をすることはありません。

運送途中で、荷物の籠が紛失したり、中の魚が抜き取られたりした場合は、必ず以前からの規定どおりに弁償します。風雨の際にも、けっして江戸での売却予定日に遅れたりはしません。もしこちらの責任で売却が遅れた場合は、必ず弁償します。

このように、問屋の源左衛門と源内は、独断で駄賃・船賃の値上げをしないことと、荷物の抜き取りや江戸への到着の遅延があった際の弁償を約束しているのです。こうした一札を差し出したうえで、二人は、天明六年一二月に、飯沼の宰領たちとの間で、布佐河岸から松戸河岸までの鮮魚荷物の駄賃の額を、一駄（一疋）に一〇籠積みで銭二八八文と取り決めました。また、松戸河岸から江戸までの船賃は従来どおりとすることが確認されています。

・松戸宿と根本村の争い

寛政二年（一七九〇）三月に、松戸宿の名主惣蔵《そうぞう》（宗蔵）・年寄紋重郎《もんじゅうろう》・船問屋惣代源内・旅籠屋惣代久兵衛《きゅうべえ》の四人が、田中藩本多家の役所に、次のような願書を差し出しています。田中藩は、根本村と納屋河岸の領主です。なお、松戸宿の納屋河岸以外の場所は幕府領でした。

松戸宿は水戸道中の宿場で、常陸・下総・出羽《でわ》・陸奥《むつ》四か国（東関東や東北地方）から来る旅人たちに食事や宿を提供しており、その利益をもって、水戸様（水戸徳川家）や御役人様方の荷物運搬のための人馬を差し出しています。また、当河岸（納屋河岸と下河岸）と平潟河岸では、御領主様の御用荷物はもちろんのこと、諸国からの荷物を江戸川の舟運を使って運送してきました。そして、毎年、永一二貫六〇一文五分六厘《りん》の河岸役永を上納しています。

そうしたところ、根本村では、近年新規に、旅人に昼食を提供したり、旅人を休憩・宿泊させたりと、松戸宿同様の営業行為をしています。さらに、諸国や近在から松戸宿の河岸場へと陸路を運ばれてくる諸荷物を、根本村で差し止めて、同村の者が賃銭を取って船で運んでいます。そのため、当河岸に運ばれてくる荷物量がしだいに減少して困っています。

そこで、松戸宿から根本村に、荷物の運送や旅人の休泊（休憩・宿泊）をやめるよう再三掛け合いましたが、聞いてもらえません。これでは、松戸宿の者たちは営業利益を奪われて困窮し、河岸役永を上納することもできなくなってしまいます。なにとぞ御慈悲をもって、根本村の村役人たちを呼び出して、今後は勝手に旅人を休泊させたり、荷物を運送したりしないように仰せ付けてくださるならばありがたき幸せに存じます。

根本村は、松戸宿の北に隣接する村で、江戸川（享保一六年の流路変更前の旧河道）に面しており、村内を水戸道中が通っていました（二七頁　図5参照）。松戸宿と同様、水陸の交通に便利な立地

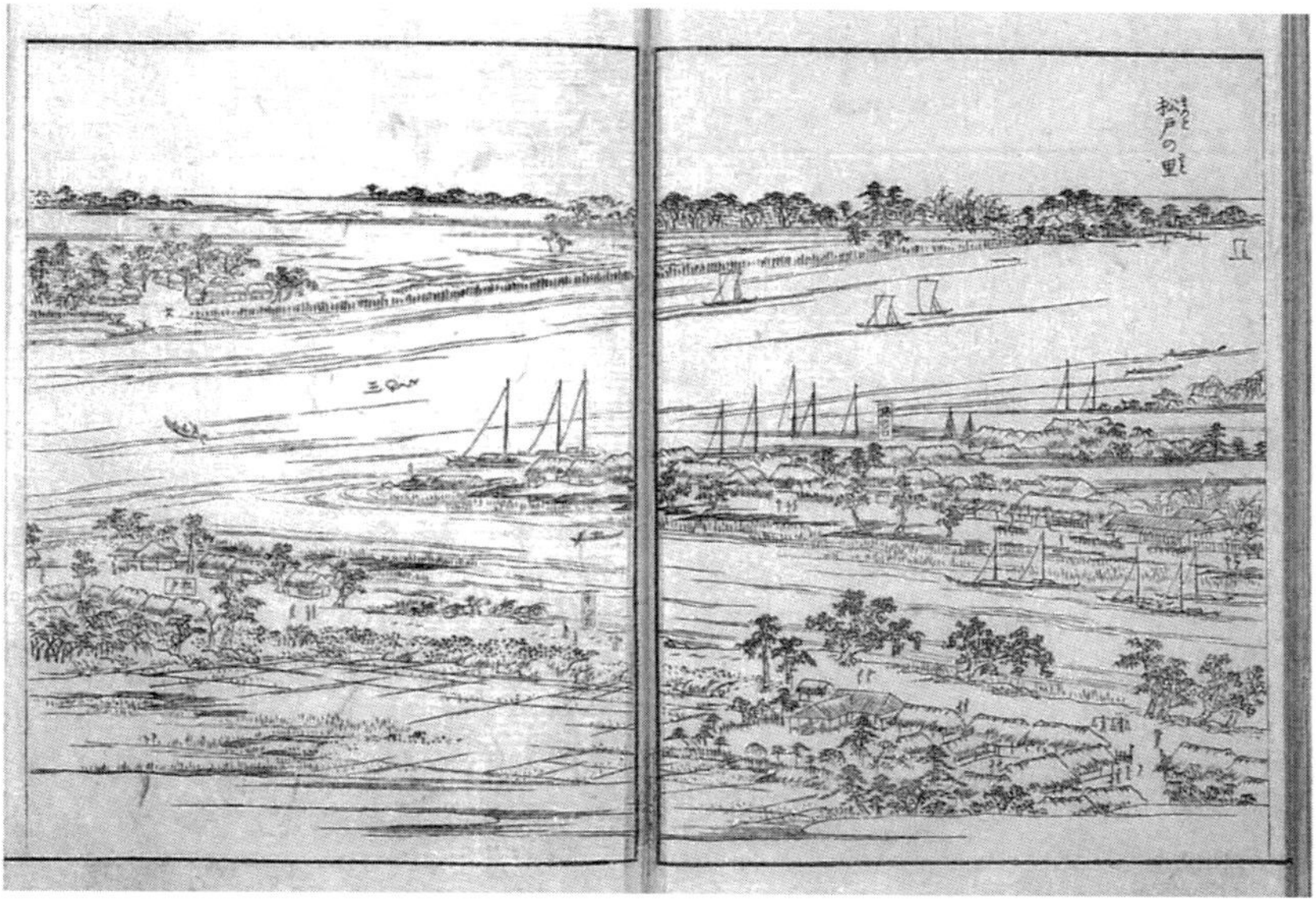

図 11　松戸の里（『江戸名所図会』、『特別展　川の道　江戸川』より転載）
図の上部の川が江戸川（右側が上流）で、川岸には帆を下ろした多くの船が停泊しています。下方から江戸川に合流している川が江戸川の旧流路で、その手前側が平潟あたり、対岸が樋野口村です。

条件にあったのです。根本村ではそれを利用して、正規の宿場や河岸ではないにもかかわらず、旅人を休泊させたり、荷物を船で運んだりと、宿場や河岸同様の営業を始めたというのです。松戸宿側がそれを営業妨害だと訴えて争いになったわけです。

　ちなみに、この願書では、松戸宿は河岸役永一二貫六〇一文五分六厘を上納しているとありますが、文化二年（一八〇五）には河岸役永一一貫六五二文、口永《くちえい》（河岸役永の付加税）三四九文五分、合計一二貫一文五分を上納しており、額は若干異なっています。

　この件は田中藩レベルでは解決しなかったため、松戸宿側は幕府に訴え出ました。その際の原告は、旅籠屋惣代佐兵衛《さへえ》・船問屋惣代源内・名主兼問屋隼人《はやと》の三人、被告は根本村の久左衛門《きゅうざえもん》ら一〇人の百姓たちでした。

訴状には、①根本村で新たに河岸場をつくって、船での荷物輸送を行なっていること、②これまで、諸国・近在から運ばれてくる薪《まき》・粗朶《そだ》（燃料などにする木の枝）を、松戸河岸から船で積み出していたところ、最近では根本村がそれらを途中で買い取り、新たにつくった河岸場から江戸へ運んでいることなどが記されています。また、松戸宿から上納する河岸役永の額は一二貫二五二文とされており、ここでも田中藩への願書に記載された金額とは異なっています。

松戸宿の主張に対して、根本村では、「これまで、旅人を休泊させたり、昼食を提供したりしたことはありません。田中藩領の村々から運ばれてきた薪・粗朶を根本村で買い受けた際に、運んできた人にお茶や簡単な食事、団子《だんご》・飴《あめ》などを提供したことはありますが、これは松戸宿の支障になるようなものではありません。松戸宿では、根本村が新規の河岸場をつくったと主張していますが、根本村の河岸は古くからあるものです。根本村では、本多家に河岸役永を上納して、薪・粗朶は船積みしていますが、それ以外の荷物はけっして運んでいません」と反論しています。

さらに寛政二年三月に、根本村の河岸惣代《かしそうだい》の又市《またいち》と又八《またはち》は、「われわれは、農業の合間に商売をしています。根本村では、百姓が手持ちの船を使って、田中藩領の村々から出荷される薪や葉柄《はがら》（薪・炭や粗朶などの林産物）を買い取って、江戸に積み送っています。船にかかる年貢は毎年幕府に納めていますし、河岸役年貢永（河岸役永）も毎年田中藩に上納しています」と述べています。

この訴訟は、江戸の町人が仲裁に入って、寛政二年六月に和解が成立しました。その和解内容は、次のとおりです。

①　根本村で、これまで、水戸道中を通る旅人を休泊させたり、昼食を提供したりした事実はなかった。以後も、田中藩領の村々から薪・粗朶を馬で運んできた者にあり合わせの食事を出すことはかまわないが、旅人を休泊させたり、昼食を提供したりすることはけっしてしない。

②　これまで、松戸宿・根本村とも、薪・粗朶は自由に買い取って船積みしてきた。今後、田中藩領の村々から運ばれてきた薪・粗朶は、これまでどおり双方で買い受け船積みする。しかし、田中藩領以外の村々から出荷された薪・粗朶は、根本村では買い取らず、松戸宿だけが買い取る。

このように、根本村の営業妨害は認定されませんでした。一方、根本村では、田中藩領の村々から運ばれてきた薪・粗朶を扱う以外は、松戸宿での営業に抵触するようなことはしないと約束しています。松戸宿の独占的営業権が基本的に保障されたのです。これは、双方の主張にともに配慮した決着といっていいでしょう。

・寛政年間に起こった諸問題

寛政三年（一七九一）一一月には、七右衛門新田《しちえもんしんでん》（現松戸市）沿いの江戸川（松戸宿より上流部）において、川を下ってきた銚子荒野《こうや》村の清八《せいはち》の船が、上ってきた佐倉河岸《さくらがし》（利根川沿いの河岸）の勘兵衛《かんべえ》の船にぶつかってしまうという事故が起こりました。この件は、源内が立ち会って、清八から勘兵衛へ詫びを入れることで無事解決しました。源内は、松戸河岸近辺の江戸川で起こる水難事故の処理にも当たったのです。

次は、寛政七年（一七九五）に起こった問題です。手賀沼の周辺に位置する布瀬《ふぜ》・片山・手賀三か村（いずれも旗本松前《まつまえ》氏の領地があります）の年貢米の江戸への運送（津出《つだ》し）は、先年から、船問屋《ふなどんや》（河岸問屋）源内の「分地《ぶんち》」（分家）である、下河岸の太兵衛が務めてきました。太兵衛も、源内と同じ船問屋です。ところが、寛政七年に、太兵衛の年貢米の取扱い方に不適切な点があったため、三か村では太兵衛への委託をやめて、委託先を松戸宿の五右衛門《ごえもん》に変更しようとしました。

それに対して、源内と太兵衛が、松戸宿の善六《ぜんろく》を間に立てて、三か村に詫びを入れたところ、三か村側でも太兵衛とは年来の馴染みだということで、太兵衛が年貢米輸送を続けることを了承しました。

ところが、その後も、大雨による江戸川の増水に太兵衛の不手際が重なって、年貢米の江戸到着が遅れるという事態が発生してしまいました。今回は、領主（松前氏）からも宿替え《やどが》（津出しの委託先変更）の意向が示されたこともあって、寛政九年から今度こそ宿替えがなされることになりました。

それについて、寛政九年九月に、源内は、三か村の村役人に対して、宿替えはやむを得ないとしつつ、以後は代わりに自分に津出しを委託してほしいと願っています。この願いがかなったかどうかは、残念ながらわかりません。

さらに、翌寛政一〇年（一七九八）以降には、次のようなことがありました。利根川沿いの布佐《ふさ》村・

布川《ふかわ》村と周辺村々の船持《ふなもち》たちは、寛政年間には、規律ある営業のために同業者組織（組合）をつくって、諸荷物の江戸への運送を行なっていました。そして、利根川・江戸川流域の小堀《おおほり》・関宿《せきやど》・松戸と江戸の四か所に、指定の船宿《ふなやど》（船乗りたちの宿泊や荷物の世話をする家）を置いていました。

ところが、寛政一〇年に、布佐村の船持たちが布川村の船持たちと不仲になったため、布佐村の船持たちは寛政一一年から四か所の船宿をいっせいに取り替えることにしました。布川村の人たちと同宿したくなかったのでしょう。松戸の場合、それまでは松戸宿の北に隣接する樋野口《ひのくち》村の柏屋《かしわや》幸七《こうしち》が船宿でしたが、布佐村の船持たちは懇意にしている松戸河岸の源内に新たな船宿になってくれるよう頼みました。ところが、源内は、柏屋幸七に遠慮して、なかなか引き受けようとしません。

そこで、布佐村の船持たちが、同村の問屋源左衛門を通じて源内に頼んでもらった結果、ようやく源内に船宿を引き受けてもらうことができました。それを受けて、寛政一二年一月に、布佐村の船持行司《ふなもちぎょうじ》（船持たちを統括する役職）の嘉兵衛《かへえ》と五郎兵衛《ごろべえ》が、源内に対して、布佐村の船持たちの名簿を差し出して、以後よろしくと頼んでいます。このように、布佐村と松戸河岸とは、鮮魚街道という陸路だけでなく、利根川・江戸川の河川舟運によっても深く結びついていたのです。

また、下総国相馬郡押付新田《おしつけしんでん》の船持たちも、布佐村同様、布川村と仲違《なかたが》いしたため、寛政一二年一月には、布佐村にならって源内を新しい船宿にしています。源内は、河岸問屋とともに船宿も営んだわけです。

第三章　一九世紀の納屋河岸と青木源内家

第一節　円滑な荷物輸送に努める

・新規の輸送ルート開設をめぐって

本章では、一九世紀の納屋河岸と青木源内家について述べていきます。享和三年(一八〇三)には、江戸町奉行根岸肥前守《ひぜんのかみ》の役所から、船問屋の源内(このとき松戸宿の年寄を兼帯)と太兵衛に対して、「銚子からの鮮魚荷物を、下総国《しもうさのくに》印旛郡《いんばぐん》安食村《あじきむら》で陸揚げして、卜杭《ぼっくい》通りを付け通しにしたいと願い出た者がいるが、支障はあるか」と尋ねられました。銚子から利根川を遡《さかのぼ》って運ばれる鮮魚荷物を、布佐村より下流の安食村で陸揚げして、安食卜杭新田《あじきぼっくいしんでん》などを通る新規のルートを使ってノンストップで輸送したいと、幕府に願い出た者がいたのです。これは、安食村や安食卜杭・布《ふ》鎌《かま》両新田から惣深新田《そうふけしんでん》や島田村を通って鎌ケ谷で行徳みち(木下街道)に接続するルートです。

新ルートの公認を求める出願があったため、幕府が源内たちの意向を尋ねたわけです。安永八年(一七七九)の訴訟(一五頁参照)の結果禁止されたルートの利用問題が再浮上したのです。それに対して、同年二月一三日に、二人を代表して源内が、松戸の問屋・船持たちにとっては新規の輸送路ができると営業に支障が出るとして、反対の意見を上申しています。

そして、源内は、松戸河岸では、寛永三年(一六二六)から、河岸役永《かしやくえい》四貫一五二文、平潟河岸役永七貫五〇〇文、口永《くちえい》三四九文五分、合計永一二貫一文五分ずつを毎年上納しており、さらに安永四年（一七七五）からは、太兵衛と源内が船問屋役永（高瀬船問屋株運上《たかせぶねとんやかぶうんじょう》、船問屋の営業税）として一人永三〇〇文ずつ、合計六〇〇文を、毎年納めてきた（上納を命じられたのは安永三年）と述べています。こうした上納金は、幕府に営業を保障してもらう対価として納めているのだから、われわれの営業を侵害するような出願は却下してほしいというわけです。源内たちの反対もあって、このときの出願は認められませんでしたが、同様の出願は以後もなされました。

その後、また別の問題が起こりました。文化二年（一八〇五）一月一六日に、利倉屋《とくらや》源内が、江戸問屋（江戸や銚子の問屋）たちに宛てて、次のような書状を送っているのです（要旨のみ）。

> 一月一四日に、荷物が江戸に着くのが遅れたため、売り値段が安くなってしまったとのことで恐れ入ります。潮時《しおどき》がいいと（満潮時で新川の水位が高いと）自在に運べるのですが、潮時が悪いと順調に進めず延着してしまいます。ただ、それでは困るとおっしゃるのは、ごもっともです。そのため、一五日の船賃（運送費）などの支払いを皆様揃ってお差し止めなさり、それはごもっともだと存じます。けれども、船賃は私の取り分だけではありません。その多くは船頭たちに支払う分であり、それを私（源内）が立替払いするのは困難です。以後は、気を付けて励みますので、船賃をお渡しくださるようお願いします。

省略した部分では、

①　布佐から松戸への荷物量が多いときは、先着荷物と後着荷物の到着時間差が大きくなるが、宰領《さいりょう》（荷物に付き添って来る荷物輸送の監督者）と送り状が到着しないと先着荷物を積んだ船が出発できないこと

②　宰領一人が担当する鮮魚荷物は六、七〇〇籠を上限とするか、あるいは一〇〇〇籠を超えたら宰領を二人にするのが望ましいこと

③　以上二点の改善を、江戸の問屋から銚子の問屋（荷主《にぬし》）に要望してほしいこと

などが記されています。

ここから、松戸から江戸までの船の運送費は、江戸問屋から源内が受け取り、それを源内が実際の運送に携わった船頭たちに支払っていることがわかります。

また、江戸川と隅田川を結ぶ新川《しんかわ》は、江戸湾（東京湾）に近く江戸湾の潮位の影響を受けるため、干潮《かんちょう》のときには水位が下がって船の通航が困難になり、それが原因で荷物の延着が起こる場合もあったのです。そこで、源内は、江戸問屋に対して、そうした事情に免じて船賃の支払いを求めるとともに、時間短縮のために、銚子の問屋が付ける宰領の増員などを要望しているわけです。

さらに、源内は、文化二年（一八〇五）における鮮魚輸送の状況を次のように述べています。

私（源内）方では、これまで、下総国海上郡《うなかみぐん》飯貝根浦《いがいねうら》から出荷された鮮魚荷物が布佐河岸から送られてくるたびに、昼夜を問わず江戸日本橋小田原町まで運送してきました。二〇年くらい前までは、荷物量は多いときでも一日に三〇〇〇〜四〇〇〇籠くらいが上限でした。そこで、布佐

村では、同村にいる一二〇～一三〇疋の馬と、それで足りないときには近隣の村の馬も頼んで、支障なく鮮魚荷物を運んできました。

その後、年々漁船の数が増えて、近年は八、九〇〇〇籠から一万籠余りの大量の荷物が送られてくることもままあります。そのため、布佐村では、近隣の村々から多くの馬を出してもらうことで、文化二年二月一一日には一万一〇〇〇籠余りの荷物を遅滞なく運ぶことができました。もっとも、五、六日続けて大量の荷物が来た場合や、風雨の際には、疲れて病気になる馬もでてくるので、稼働できる馬の数が少々減ることはあるかもしれません。そうしたときでも、一万籠くらいの荷物は支障なく運べると思います。

ところが、文化二年五月に、布佐村から三里（約一二キロメートル）ほど利根川下流にある安食村の庄兵衛《しょうべえ》と惣深新田の平左衛門《へいざえもん》が、飯貝根浦の荷主（魚商人）たちに、自分たちのところにも鮮魚荷物を陸揚げしてもらえないかと交渉しました。荷主たちも承知して交渉がまとまったので、庄兵衛と平左衛門は同月中に今度は布佐村の名主のところに来て、これまで布佐村で引き受けてきた荷物のうち二割を、以後は安食村と惣深新田に回してほしいと頼みました。

以上が、源内の述べるところです。ここで述べられている安食村と惣深新田による新輸送ルート開設願いは、前述した享和《きょうわ》三年の出願と共通する内容です。文化二年の出願も、それによって荷物取扱量が減少してしまう布佐村の反対に遭って結局実現しませんでした。ただし、布佐村側も、こうした動向を受けて、以後のスムーズな運送をあらためて約束し、この件は文化二年一二月に解決しました。

ここから、一八世紀末から一九世紀の初めにかけて、鮮魚荷物の輸送量が急増していることがわかります。それに目を付けた村々が、新たに鮮魚輸送に参入しようとして、前から輸送を担ってきた人々と対立しているのです。

・運送トラブルは続く

正確な時期はわかりませんが、利倉屋源内は、松戸屋六右衛門《ろくえもん》を証人に立てて、銚子浦の問屋たちに次のような証文を差し出しています。

お渡しする証文のこと

一、古来より銚子浦の魚荷物の運送を私に委託してくださり、ありがたき幸せに存じます。ところが、このほど私が引き受けた荷物の一部が紛失してしまいました。問屋の皆様が調べたところ、船のなかから紛失した荷物が見つかりました。それを聞かされて、一言の申し訳もできず当惑しております。

そこで、人を頼んで何度もお詫びしましたが、御赦《おゆる》しいただけず、以後はほかの者に運送を委託すると言われて驚いております。そのようなことになっては、私の家族や雇い人ばかりか船頭たちまで、たいへん困ったことになってしまいます。そのため、再度、人を頼んでお詫びしたところ、何とか御赦しいただき、ありがたき幸せに存じます。

今後は運送体制をしっかりして、船頭たちの管理も厳重にします。魚が一匹でも紛失することがあれば、紛失した魚の代金を全額弁償します。また、今回取り決めた事項を以下に記します。

一、「にたり船」一艘には、三〇〇籠までの荷物を積むことにします。三〇〇籠を少しでも超える場合は、二艘の船で運びます。

一、「茶船《ちゃぶね》」などは、けっして用いません。

一、前々条で規定された量（一艘に三〇〇籠まで）の荷物を積んだ船が、新川を航行中に、干潮のため艀下を使ったときは（荷物の一部を艀下に積み替えたときは）、その費用を宰領たちが出すことを、（問屋たちから）認めていただき、かたじけなく存じます。もし、前々条の規定より多くの荷物を積んでいて艀下を使った場合は、一銭たりとも増運賃はいただきません。

一、松戸宿に届く荷物は、量の多少にかかわらず、着きしだい船を出して、速やかに江戸で売り渡せるよう力を尽くします。また、荷物が江戸に遅く着いた場合でも（これは源内の責任ではない延着の場合です）、人手を増やして支障なく売りさばけるよう努力します。

一、午前二時頃（夜八ツ時《やつどき》）までに江戸に着かずに、魚市場での売買に間に合わなかった場合は（こちらは源内の責任による延着の場合です）、問屋たちからどのように言い渡されようとも、一言の抗弁もいたしません。

以上の取り決めを固く守ります。もしこの箇条に少しでも違反した場合は、損害を弁償したうえで、委託を解消されても異存ありません。後日のため、このとおり証文を差し出します。

部分番号	各部名称	
①	ミズキリ	
②	ミオシ	水押
③	イタコ	板子
④	オモテフナハリ	表舟梁
⑤	ヨンマイイタゴ	四枚板子
⑥	タシハリ	
⑦	ドウフナハリ	胴舟梁
⑧	ホヅツ	帆筒
⑨	コヘリ	小縁
⑩	ウワダナ	上棚

部分番号	各部名称	
⑪	ネダナ	根棚
⑫	シキ	舗
⑬	トモハリ	艫梁
⑬	トモフナハリ	艫舟梁
⑭	コツナキ	
⑮	ロトコ	艪床
⑯	マリクチ	
⑰	モキ	

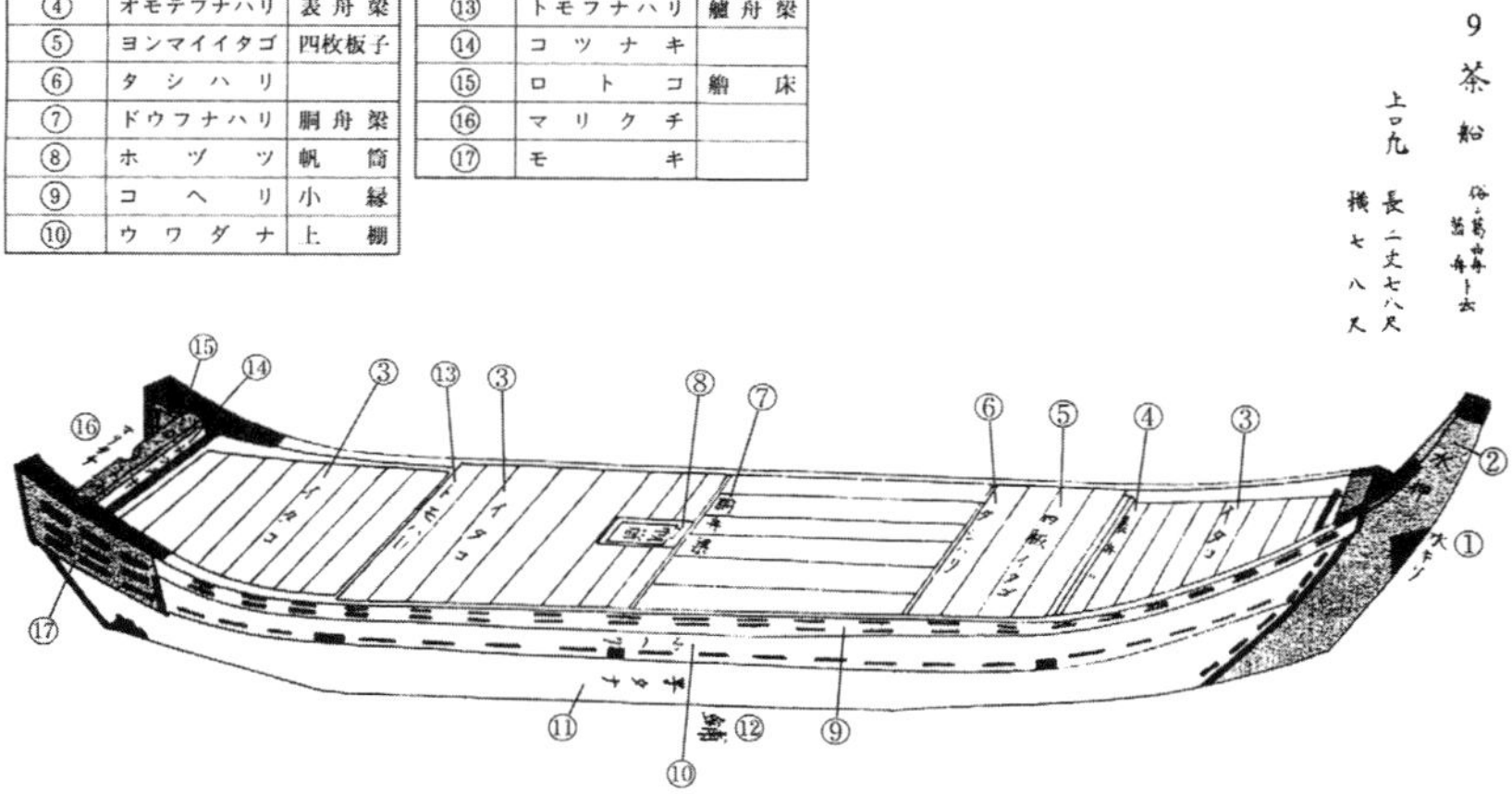

図 12
茶船（葛西舟）と各部の名称（川名登『近世日本の川船研究　上』より転載）

部分番号	各部名称	
①	ミオシ	水押
②	オモテフナハリ	表舟梁
③	イタコ	板子
④	コヘリ	小縁
⑤	ウワダナ	上棚
⑥	ネタナ	根棚
⑦	ドウフナハリ	胴舟梁
⑧	トモフナハリ	艫舟梁
⑨	コツナキ	
⑩	ロトコ	艪床
⑪	マリクチ	

部分番号	各部名称	
⑫	モキ	

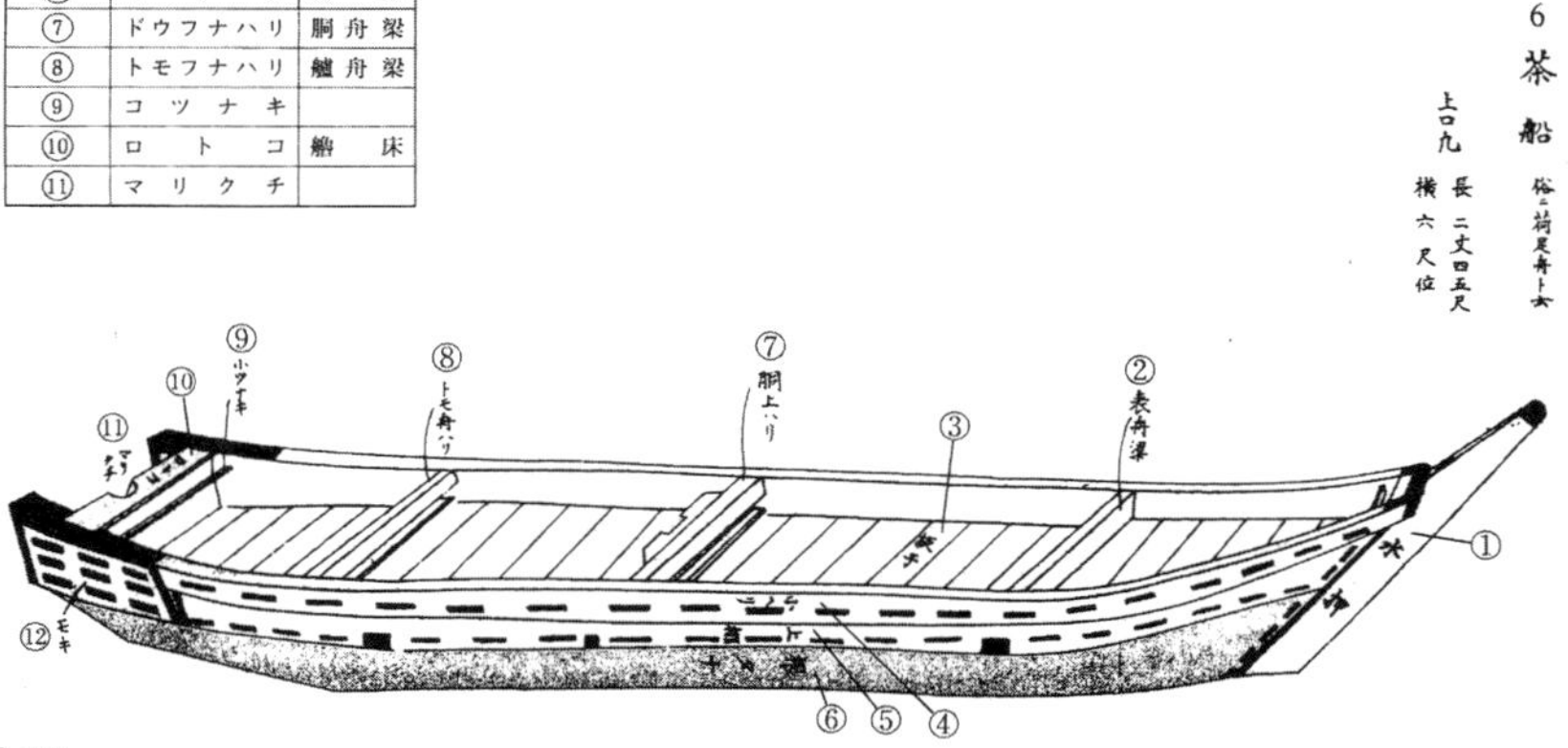

図 13
荷足船と各部の名称（川名登『近世日本の川船研究　上』より転載）

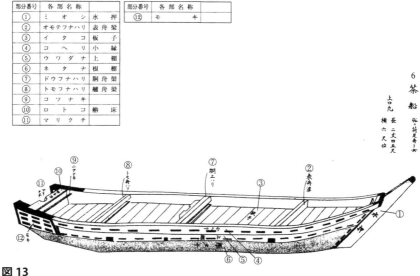

このように、鮮魚荷物の紛失事件が発生したため、源内が銚子の問屋（荷主）たちから責任を追及されて詫び状を提出し、さらに以後の輸送体制について具体的に取り決めているのです。

そこでは、船の積載量を一定以下に抑えて、船足《ふなあし》を速く、喫水を浅くすることが定められており、使う船の種類も決められています。茶船とは荷物運送用の小型船で、多くの種類がありました。「にたり船」（荷足船《にたりぶね》）とは、茶船の一種で、幅が広く荷物を積むのに適した形をした小型船です。ここでは、荷足船以外の茶船を使うことが禁止されているのです。

また、干潮のために新川の水位が下がったときには、積荷の一部を艀下（小船）に積み替えて積載量を減らし喫水を浅くすることが認められています。そして、積み替えにかかった費用は、宰領が支払うとされています。最終的には銚子の問屋の負担になったのでしょう。この時点で、前述した安永八年（一七七九）時に問題になったような点（六〇頁参照）について、あらためて取り決めがなされたのです。

・洪水によるルート変更

さらに、文化五年（一八〇八）には次のような問題が起こっています。同年秋は雨が続いて、手賀沼の水があふれ、布佐村から平塚村を通る通常の輸送ルート（鮮魚街道、松戸みち）が通行できなくなってしまいました。そういうときは、代替ルートとして、江戸と水戸を結ぶ水戸道中を使って松戸まで運ぶのですが、このときは水戸道中も我孫子宿《あびこしゅく》と小金宿《こがねしゅく》の間の呼塚新田《よばつかしんでん》で、手賀沼からあふれた水のため通行不能になってしまいました。それ以外のルートでは遠回りになり、時間がかかってしまいます。

そのため、八月二〇日に、布佐村の荷宿《にやど》（問屋）惣代《そうだい》（石井）源左衛門《げんざえもん》と馬持惣代五右衛門《うまもちそうだいごえもん》が、松戸宿下河岸の魚問屋（河岸問屋）太兵衛のところに来て、「通常ルートが通行可能になるまでの応急措置として、布佐村から加村河岸《かむらがし》へ荷物を付け送りたい」と申し入れました。加村河岸は、松戸より上流にある江戸川東岸の河岸です。この申し入れの席には、源内も立ち会いました。協議の結果、「加村に荷物を送ることはかまわないが、水が引いたら、すぐに元どおり松戸へ付け送るようにする」ということで合意しました。

九月下旬に水戸道中が通行可能になったので、松戸宿では、こちらに荷物を送るよう布佐村に掛け合いました。すると、布佐村側では、「いったん加村に頼んだ以上、あと一〇日くらいは、加村と松戸宿の両方に荷物を送るようにしたい」との意向だったので、松戸宿では不本意ながらもそれを了承しました。布佐村の荷宿惣代源左衛門は、「一一月からは、従来どおり、すべての荷物を松戸宿に送る」と約束しています。

しかし、一一月になっても、布佐村では、加村への荷物運送をやめませんでした。そのため、松戸宿側は、訴訟も辞さない姿勢を示しています。このとき、松戸宿では、布佐村を「わがままな村なので、いかなる不当なことを言い出すかわからない」と評して不信感を募らせています。

松戸宿と布佐村は、両者を経由しない新ルートの開設計画には一致して反対しましたが、両者の関係も常に良好とはいえなかったのです。それでも、以後も布佐―松戸間が鮮魚輸送の主要ルートであることには変わりありませんでした。

・文化年間のさらなる運送トラブル

文化年間には、さらなる運送トラブルが続きました。文化六年（一八〇九）の冬に、本行徳村《ほんぎょうとく》の長右衛門《ちょうえもん》が銚子の飯貝根浦《いがいねうら》に行き、銚子からの魚荷物が多いときには、布佐村だけでなく、木下河岸《きおろしがし》にも荷揚げしてほしいと頼みました。木下河岸から本行徳村へと、行徳みち（木下街道）を使って魚荷物を送ってもらおうというわけです。

それを聞いた布佐村やその近村の馬持たちは対応策を協議し、荷物量の多少にかかわらず、以後は毎回荷物の六割を布佐村の馬で運び、四割を近村の馬で運ぶことに決めました。このようにすれば、近村の馬持たちにも毎回一定の仕事が回るし、大量の荷物も分担して支障なく運べるというわけです。飯貝根浦の商人たちもこの方法に納得し、木下河岸への荷揚げはしないことにしました。

翌文化七年は、早春から天候不順で時化《しけ》（海が荒れること）が続き、不漁でした。利倉屋源内は、不漁で荷物が少なく困っています。そうしたなかで、文化七年二月二一、二二日頃から、昨年の合意に反して、木下河岸への荷揚げが行なわれるようになりました。布佐村の問屋源左衛門や、松戸宿の源内は、もちろん納得できません。彼らにしてみれば、五〇〇〇〜七〇〇〇籠の荷物が臨時に届いても差し支えなく運べるというのに、ただでさえ不漁で少ない荷物を木下河岸と分けて運ぶことになっては、せっかくの昨年の決着も無意味になってしまうからです。

源内は、二月二七日には、飯貝根浦の商人たちに、木下ルートでは江戸までの運送費が余計にかかるし、途中の宿場ごとに荷物を積み替えるので、これから暖かい時期になると魚が傷んでしまうと主張して、これまでどおり荷物は布佐村で荷揚げしてくれるよう願っています。このように、魚荷物の争奪戦は繰り返し起こるのでした。

続いて文化八年には、抜け籠（魚荷物の運送途中での紛失・盗難）をめぐって、源内と江戸問屋（飯貝根浦問屋）との間で、以下のようなやり取りがありました。閏《うるう》二月四日に、江戸問屋たちは、「これまでもたびたび抜け籠はあったが、この間あまりに抜け籠が多い。不漁続きのところへ、このようなことがあっては困る。浜方《はまかた》（漁民たち）にも関係することなので、今後さらに抜け籠が増えるようなことがあれば、その弁償分をあなた（源内）に渡す船賃（運送費）のうちから差し引く」と、源内に伝えてきました。

これに対して、源内は、閏二月六日に、問屋たちに宛てて、次のような返書を書いています。

問屋の皆様が、「魚荷物が江戸に着いたとき、「軽籠《かるかご》」（中の魚が減って軽くなった籠、抜け籠）がしばしばあるので、私（源内）が馬方《うまかた》（松戸まで持ち馬で魚荷物を運んでくる者）から荷物を受け取るときに念を入れて確認し、私が雇っている船頭たちについてもしっかり監督して、不正がないようにしてほしい」とおっしゃることについては承知しました。

これらは常々言い聞かせていることではありますが、あらためて荷物を大切に取り扱うよう申し付けます。ただ、このうえ軽籠があった場合は、私が受け取る船賃のうちから弁償せよとのことですが、それは勘弁していただきたいと存じます。

昨文化七年は大不漁でしたが、今年の春も時化が続いて昨年以上の不漁となり、たいへん経営が苦しくなっています。ようやく今月に入ってそれなりの漁獲があり、今後の豊漁を楽しみにしているところです。最近は船頭の給金や諸経費が年々高騰しており、農業の合間にやっている河岸問屋稼ぎだということもあって、ようやく経営が成り立っている状況です。

船賃（河岸問屋の手数料）については、これまで一籠につき銭《ぜに》四文《もん》八分ずつついただいていますが、不漁の年にはこの単価では赤字になってしまいます。単価の増額をお願いしたいところですが、銚子の商人の皆様もお困りのときにお願いするのもはばかられ、たいへん困っております。これまでも軽籠については私から少しずつ弁償してきましたが、それを船頭に転嫁するわけにはいかず、私の損失になっています。

松戸河岸に荷物が着いたときには、私ども親子（源内父子）が馬方から荷物を受け取りますが、数十疋の馬がいっぺんに到着するなかで、暴れる馬もいたりするので、大急ぎで荷物を受け取って船積みすることになります。一疋の馬にだいたい三〇籠余りの荷物が積まれてきますが、それを一籠ずつ確認していては船を出すのが遅れてしまうので、目立って問題のある籠のみを改めて、それを運んできた馬方の名前を記録し、問題があった旨を宰領（荷主が付けた運送の監督者）に伝えています。

私の「抱舟《かかえぶね》」（源内が所有する船）には、湯茶を沸かす道具はもとより、寒中の「手あぶり」さえ持ち込ませていません。これは、不正に煮炊《にた》きをさせないためです。江戸までの船中については、宰領のほうで注意を払ってほしいと思います。また、江戸までの途中の場所に無断で船を着けることは固く禁じています。江戸に着いて荷物を受け渡しする際に軽籠があった場合は、船中をくまなく検査してください。このことは、船頭たちにも言っておきます。

総じて、運送中の魚の紛失には、さまざまな原因が考えられます。銚子で荷造りする際に、誤って詰める量に過不足が生じることがあるかもしれません。布佐までの船中では何も問題ないでしょうか（魚荷物の紛失は布佐までの船中で起こったのかもしれません）。布佐から松戸まで荷物を運ぶ馬方や馬士《まご》（雇われて馬で荷物を運ぶ運輸労働者）が不正行為（荷物の抜き取り）をする可能性もあります。また、私が雇っている船頭のなかに不正をはたらく者がいるかもしれません。どの段階で、陰で何が行なわれているかわからないのです。これまでも目立って問題のある籠を見つけたときは、宰領にその旨を伝えて、その荷を運んできた馬士を事情聴取してもらったことがありました。けれども、その後それについて（宰領からは）何の報告もありません。

こうした事情にもかかわらず、たとえ誰の仕業であろうと、私に責任を取って弁償せよというのは迷惑な話です。どうか弁償の件は御勘弁ください。こちらでも、以後、軽籠がないよう一層気を付けます。

このように、江戸問屋が抜け籠（軽籠）の発生によって蒙る損害をすべて源内に弁償させようとしたのに対して、源内がそれは迷惑だと抗弁しているのです。源内は、①自分は可能な範囲で荷物のチェックをしているること、②抜け籠が輸送途中のどの段階で発生しているか不明であることをあげて、抜け籠は自分の責任とは限らないと言っています。

先にみたように、源内は松戸から江戸までの間で起こった抜け籠については弁償することを繰り返し約束しています。しかし、それ以外の区間で起こったかもしれない抜け籠についてまで責任は負えないと言っているのです。残念ながら、この件がどう決着したかはわかりません。

第二節　青木源内家の営業努力

・中川番所での荷物差し押さえ

松戸河岸を出た船は、江戸川を下り、新川・小名木川を通って江戸に入ります。その途中で小名木川は、北から流れてくる中川と交差します。その交差地点にあったのが中川番所です。中川番所は、その前を通って江戸に出入りする船の積み荷や乗員を改める、川の関所でした。中川番所の最高責任者を中川番役《なかがわばんやく》といい、幕府の旗本が務めました。その下役には番頭《ばんがしら》・添士《そえし》・小頭《こがしら》などがおり、さらに小頭の下に下級の役人がいました。中川番所の取締規則は、次のようなものでした。

① 「生肴《なまざかな》（生魚）」・「前栽物《せんざいもの》」（青物・野菜）は、夜中でも番所を通す。ただし、その船に乗り組む船頭《せんどう》（船員）・宰領は七人までとする。八人以上はいっさい通さない。

② 生け簀（魚を生かしておくための水槽）に入れた魚を運ぶ高瀬船や小舟が夜中に番所に差し掛かったときは、生け簀に「たも網」（魚をすくい捕る小型の網）を入れるなどよく改めたうえで通過を許可する。

どこの関所でもたいてい真夜中の通行は禁止されていましたが、中川番所では、江戸に鮮魚・野菜等の生鮮食料品を速やかに供給するために、特別に真夜中の通行を許可していたのです。

図 14
中川番所（『江戸名所図会』、『特別展　川の道　江戸川』より転載）
手前を右から左に流れるのが小名木川、奥から流れてきて小名木川と交差するのが中川です。両河川が交差する地点に、中川番所が置かれています。

事件は、文政《ぶんせい》三年（一八二〇）に、源内の船が中川番所を通過する際に起こりました。同年七月一九日の夕方に、二〇日に江戸で売る予定の「なまり節《ぶし》」（カツオなどの肉を蒸して半乾《はんほ》しにしたもの）の荷物が松戸に届きました。源内は、それを三艘の船に積み込んで、江戸に向けて送り出しました。その船が夜中に中川番所に差しかかったとき、先頭の一艘は無事に通過しましたが、続く二艘が通過しようとしたところ、停止を命じられたのです。

中川番所の見張り番からどこの船かと尋ねられたので、船頭は松戸の源内の船だと答えたところ、番所の役人から取り調べを受けることになりました。

そして、役人から、「積み荷が生魚ではなく、なまり節だというのは不届きである。天下の御関所をごまかして通ろうとしたことは赦しがたい」などと叱《しか》られました。役人は、すぐに中川屋清蔵《せいぞう》（小名木《おなぎ》村の船宿。文政三年以降、中川番所を通る酒荷物の検査手続きを代行するなど番所の業務に関わりました）を呼んで、事情を説明し、なまり節を清蔵に預けました。

船頭たちは、二〇日の夜明けを待って番所の役人に詫びを入れましたが、なかなか赦してもらえません。それでも、二〇日の朝に荷物は返してもらえましたが、船ごとに一人の船頭が番所に留め置かれてしまいました。

知らせを聞いた源内は急いで松戸から中川番所に駆け付け、中川屋清蔵を頼んで詫びを入れました。その結果、なまり節の件は赦してもらえましたが、今度は源内の後続の荷物について番所を通してもらえません。その件も二三日朝にはようやく解決しましたが、二四日に源内は、その後の番所通過についてはまだ不透明な状況にある旨を、銚子方面の商人たちに書状で知らせています。その書状のなかで、源内は、この事件の裏事情を次のように記しています。


番所役人のなかに周助《しゅうすけ》という方がいるのですが、この方は理不尽に支障を言い立てて、他人の落度を見つけることによって、それを自分の出世につなげようとしている人物です。折悪しく、一九日はこの方の当番日に当たってしまったため、見とがめられることになりました。荷主様はじめ、江戸の問屋や私どもまで迷惑を蒙ったことは、まことに時の不運だと存じます。

この件は、七月二四日に、源内が番所の責任者にいくらかの金銭を渡すことによって、以後もこれまでどおり、なまり節を積んだ船が夜間に番所を通過することが認められて最終的に解決しました。責任者から、下役にはその旨を話しておくということでした。ただし、これは源内と番所責任者との内々の合意であって、夜間の通行もあくまで非公式に認められたものに過ぎません。そこで、七月二六日に、源内は銚子の荷主の代表者に書状を送って、この合意は極秘事項なので、くれぐれも他言無用にしてほしいと伝えています。ともあれ、曲がりなりにも問題が解決して、源内たちは一安心したことでしょう。

なまり節に関しては、次のようなこともありました。明確な時期はわかりませんが、文政三年以降に、布佐村の問屋源左衛門が源内に、なまり節荷物の運送に関して、源内が荷主から受け取る運送費のうちから、一籠につき銭一文ずつを布佐村に援助してほしいと要求してきたのです。このとき、源左衛門は、なまり節荷物の運送に関係する荷主・宰領・船頭らにも、軒並み助成金を要求しています。

しかし、源左衛門の要求を認めたのでは、それだけ源内の取り分が減ってしまいます。そこで、源内は、「この件については荷主たちの意向を聞く必要があります」と言って、体《てい》よく源左衛門の要求を断りました。しかし、再度要求されたため、今度は源内も、「私が布佐村に助成金を出す筋合いはありません」ときっぱり拒否しました。源内は、次のように言っています。

荷物については、銚子から積み出して布佐河岸に着くまでは「銚子舟」の担当、布佐であなた（源左衛門）が受け取ってから松戸河岸に着くまではあなたの担当です。そして、私（源内）が受け取ってから江戸の問屋衆に渡すまでが、私の責任範囲になります。それなのに、あなたの担当部分の運送費について、私に援助してほしいというのは、たいへん筋違いのように思います。

近年は、松戸から江戸までの河川輸送の費用が前より多くかかっています。また、「ぬけ荷」（荷物の盗難・紛失）があってたいへん困っています。そこで、「あなた（源左衛門）が私に運送費の補助をしてくれるなら、私もあなたに補助しましょう」と言ったところ、それはできないとのお返事でした。それなら、私から助成金を出すことはできません。

源内はこのように述べて、源左衛門の援助要請を断っています。源内と源左衛門は、鮮魚輸送を分担・協力しつつ遂行する業務上のパートナーでしたが、源内はお互いの担当部分については明確に線引きして、不合理な負担要求はきっぱり拒否していたのです。

・特産物の薪の輸送

松戸河岸から移出されたのは、鮮魚だけではありません。松戸の後背地に当たる下総台地の林では一八世紀以降さかんに薪や炭が生産され、松戸河岸から江戸や行徳に向けて積み出されました。薪や炭は、江戸では暖房用・炊事用の燃料などとして、行徳では地場産業である製塩業の燃料として多くの需要があったのです。薪や炭は、幕府の直轄林（御林《おはやし》）でも民有林でも生産されました。

薪や炭の生産という地場産業が発展し、それらが当地の特産品になったのです。そして、松戸河岸はそれらを移出する流通拠点の役割を果たしました。

宝暦九年（一七五九）には、松戸宿と根本村（松戸宿の北に隣接する村）の薪屋が仲間を結成しています。薪を扱う商人たちが、同業者組織をつくったのです。薪屋仲間の惣代（代表）には、松戸宿の久右衛門《きゅうえもん》・所左衛門《しょざえもん》・源三郎《げんざぶろう》と根本村の佐左衛門《さざえもん》がなっています。

薪は茶船を使って江戸の薪炭問屋《しんたんどんや》に送られましたが、茶船の船頭たちも茶船仲間（船頭たちの同業者組織）をつくっており、松戸宿の小四郎《こしろう》・平左衛門《へいざえもん》と当代島村《とうだいじま》の藤四郎《とうしろう》・孫三郎《まごさぶろう》が惣代になっています。彼らは皆、自分の船を使って荷物を運んでいました。

また、安永九年（一七八〇）に、源内は、薪を江戸に出荷する荷主たちの惣代になっています。源内は薪の運送に携わるだけでなく、自らが荷主（薪商人）となって薪を出荷してもいたのです。

文政二年（一八一九）一一月には、松戸河岸の源内と喜右衛門《きえもん》が、金ケ作《かねがさく》役所（下総台地上の金ケ作村にあった幕府の役所）から、金ケ作村の御林（幕府の直轄林）から搬出された薪・炭を、船で江戸まで運ぶ仕事を請け負っています。下総台地上には、幕府直営の牧場である小金牧《こがねまき》があり、その内外には幕府の御林がありましたが、小金牧のなかの中野牧《なかのまき》に隣接する金ケ作村が管理を委託されていた御林から産出された薪・炭が、陸路を松戸河岸まで運ばれ、そこで船積みされたのです。

そして、船で運ぶ際に薪・炭が民間の荷物に紛れないように、目印の幟《のぼり》が、源内と喜右衛門にそれぞれ渡されています。河岸場で立てる「御林御用」と記された幟と、船上に立てる幟がそれぞれ二人に一本ずつ、計四本が金ケ作役所から渡されたのです。この幟を立てることによって、それが御林から伐り出された御用荷物だと一目でわかりました。ただし、二人は、この幟をほかの荷物を運ぶときに使ったりしないよう、釘を刺されています。

嘉永《かえい》五年（一八五二）一〇月には、松戸宿・根本村・小山《こやま》村の炭や薪を扱う商人（炭薪商人《たんしんしょうにん》）たちが議定《ぎじょう》（取り決め）を結んでいます。根本村は松戸宿の北に、小山村は南にそれぞれ隣接する村です。

議定制定のきっかけは、幕府が当時の物価高騰を問題視して、諸物価安定策の一環として、炭薪商人たちにもしかるべき対応を求めたことにありました。そこで、松戸宿などの炭薪商人たちが集まって話し合い、議定書《ぎじょうしょ》を作成したのです。議定書では、炭薪商人たちが炭薪仲間をつくり、その責任者として仲間行事《なかまぎょうじ》（行司）を決めること、仲間構成員は仲間行事の言いつけを守ること、言いつけを守らない者に対しては仲間全体で対処すること、などが定められています。

炭薪仲間とは炭薪商人たちの同業者組織で、前述した薪屋仲間と同様の団体です。議定書に連名している炭薪仲間の構成員は、松戸宿の二六人、根本村の五人、小山村の二人の計三三人です。松戸宿のメンバーのなかには、河岸問屋の源内・太兵衛、船持（所有する船で運送業を営む者）の与五右衛門《よごえもん》も入っています。彼ら三人は、運送業に携わるとともに、薪や炭を扱う商人でもあったのです。そして、仲間行事には、浅五郎《あさごろう》ら松戸宿の四人が選ばれています。幕府は、炭薪商人たちに同業者組織をつくらせることによって、価格の安定を図ろうとしたのです。

・船持たちの同業者組織

先に宝暦九年（一七五九）の茶船仲間について触れましたが、船持たちはその後も同業者のまとまりを維持していました。安永五年（一七七六）一一月の文書には、松戸河岸の船持惣代（船持たちの代表者）として、源内・太兵衛・利兵衛《りへえ》が署名しています。

源内は、安永二年三月に、川船役所《かわぶねやくしょ》（幕府の河川交通を管轄する部局）に船一艘分の船年貢《ふなねんぐ》（船の所有者に賦課される租税）を納めており、彼も船持の一員でした。源内は、文化一一年（一八一四）、文政五年（一八二二）、文政九年に、それぞれ茶船一艘を新造しています。文政六年一一月には、

図 15
「鴻の台とね川風景」（歌川広重「名所江戸百景」、『特別展　川の道　江戸川』より転載）
図 10 と同じく、国府台（鴻の台）下の江戸川を描いた錦絵です。江戸川が利根川（とね川）と呼ばれています。

きもありました。

持ち船四艘のうち二艘が古くなったため、新たに二艘を建造しようとして、その資金二〇両を銚子飯貝根浦《いがいねうら》の鮮魚荷主四人から借りています。また、時期は不明ですが、七艘の船を所有していたと

文政五年（一八二二）三月には、松戸宿の船仲間一五人が、河岸問屋（船問屋）の源内と太兵衛に、次のような内容の書面を差し出しています。なお、船仲間（船持仲間）とは、自分の船を使って荷物を運ぶことを職業とする船頭（船持）たちの同業者組織のことです。


源内殿と太兵衛殿が引き受けた荷物は、われわれ松戸宿に住む船仲間の構成員一五人が順番に運びます。船で荷物を運ぶ途中では、公儀（幕府）の法令を遵守《じゅんしゅ》することはもちろん、酒盛りなどはけっしていたしません。

積み荷を濡らしたり、土足で踏みつけたり、あるいは紛失したりしたときは、荷主衆の指図を受けて、船主《ふなぬし》（船持、船仲間の構成員）が弁償します。到着時間が指定された荷物がたくさんあるときでも、それぞれ指定の時間に遅れることなく届けます。万一、手違いがあった場合は、船仲間を除名されても文句ありません。また、松戸から船を出す際に、行司《ぎょうじ》（船仲間を統括する役職者）・船差《ふなさし》（荷物を積む船の順番を指示する者）の指示にあれこれ文句を言う者は、船仲間を除名して、船仲間構成員の意思決定には加わらせません。

以上のように取り決めたうえは、今後いかなることが起ころうとも、私ども（船仲間の構成員）で相談して解決し、あなた方（源内と太兵衛）にはけっして御苦労をおかけしません。

これは、船仲間と河岸問屋との取り決め書です。船仲間を構成する船持たちは、預かった荷物を安全かつ迅速に届けることを、河岸問屋の二人に約束しています。また、船仲間には行司・船差という役職がありました。船差とは、船持たちに荷物を公平に割り振る役職です。船持たちは、同業者組織を自治的に運営することによって、彼らの共通の利益を守っていたのです。

船持と船仲間のあり方を、具体的な事例からみてみましょう。船持の与五右衛門は、文政五年（一八二二）から船指《ふなさし》（船差）役を務めていました。船持のなかでも、重要な位置にいたのです。しかし、多額の負債を抱えてしまったため、文政八年六月に船指を退役しました。そして、同年八月からは一般の船持として荷物の運送に携わっていました。その後、酒や米穀の運送に関して船仲間の議定（取り決め）に違反する勝手な行為があったため、船仲間から松戸宿の宿役人《しゅくやくにん》（名主・年寄ら松戸宿の運営責任者）に訴えられてしまいました。宿役人から説諭を受けた与五右衛門は、先非《せんぴ》を後悔して反省の意を表しました。

船仲間の議定に違反した者は、船仲間を除名され、以後松戸宿において荷物の運送に携わることを禁止される定めでした。このとき与五右衛門は船仲間を除名されても仕方のないところでしたが、文政九年二月に船仲間の面々に詫び状を出し、今後は荷物の運送に関して船指の指示に従い、船仲間の議定を遵守すると誓うことで、どうにか除名を免れることができました。

しかし、与五右衛門は、天保《てんぽう》二年（一八三一）に、また仲間議定に違反して、酒荷物を河岸問屋や船指の指図を受けずに勝手に運送してしまいました。それを追及されたため、彼は天保二年六月に船仲間に詫び状を出して、今後仲間議定に違反した場合には船仲間を除名されても文句はないと

図 16　松戸市立博物館にある納屋河岸の復元模型
右下が江戸川。川に面した白壁の蔵がある一帯が、田中藩本多家の御用河岸。御用河岸と道をはさんだ向かいが、青木源内家の屋敷地。御用河岸の向かって右隣りが、源内家の河岸場。

誓っています。今回も、何とか除名は免れたわけです。

もう一人、勘五郎《かんごろう》の場合をみてみましょう。勘五郎は、文政九年四月に、最近船持になった（船の所有者になった）ので船仲間に加入したいと、船持惣代の太兵衛・源内（彼らも河岸問屋であると同時に船仲間の一員でした）に願って認められています。その際、勘五郎は、仲間議定を遵守することと、船指の指図に従って営業することを約束しています。

ところが、勘五郎は、天

保二年に、仲間議定に違反して、酒荷物を河岸問屋を通さずに勝手に運送してしまいました。与五右衛門と同じ違反行為をしたのです。それを船仲間にとがめられたため、同年六月に、船仲間に詫び状を出して、今後仲間議定に違反したら船仲間を除名されても文句はないと誓っています。この点も、与五右衛門と同様です。

このように、船仲間は仲間議定という独自のルールを定めて、規律ある活動をしていたのです。ただし、仲間議定が常に遵守されたわけではありませんでした。

・船頭たちの博打

以上は船持の船頭の話ですが、船を持たずに源内に雇われて源内所有の船を操る船頭（船員）もいました。彼らは、いつも品行方正に暮らしていたわけではありません。

文政一三年（一八三〇）には、源内が所有する建物で博打《ばくち》が行なわれ、それが摘発されるという事件が起こりました。当時、源内は河岸問屋を営むかたわら、納屋河岸町（松戸宿を構成する町の一つで、納屋河岸を含む町）の世話役を務めていました。そして、河岸問屋稼業のために、船頭たちを雇用して、仕事のときは彼らを母屋《おもや》の前に建つ納屋《なや》に寝泊まりさせていました。

事件は、文政一三年二月一一日に起きました。同夜、源内が留守にしていた間に、納屋にあちこちから船頭たちが集まって博打を行なったのです。それが夜廻りをしていた松戸宿の宿役人に見つかりました。博打をしていた者たちは残らず逃げ去り、跡には賭け金二分三朱《ぶしゅ》と銭《ぜに》一貫《かん》九六〇文《もん》などが残されていました。

博打はかねてから幕府が厳禁しており、松戸宿の宿役人も毎月厳しく禁止の旨を言い聞かせていました。それにもかかわらず、源内の納屋で船頭たちが博打をしたことは、松戸宿内で大問題になりました。宿役人は、このことを松戸宿を管轄する幕府の代官所に訴えるといいます。苦慮した源内は、宝光院《ほうこういん》（松戸宿にある寺院、源内家の菩提寺）に駆け込んで、五人組（五軒程度の隣保《りんぽ》組織）や隣家の人たちとともに謹慎しました。そして、宝光院の住職や、納屋河岸町とその隣町の人々が宿役人に再三詫びたことによって、宿役人は代官所への出訴を取りやめ、代わりに村掟《むらおきて》（松戸宿の規則）に基づいて、以下のとおり関係者に過怠銭《かたいせん》（罰金）を言い渡しました。

一、源内について。源内は、博打をした船頭たちを身元確認もせず、宿役人にも無届けで雇い入れ、納屋に寝泊まりさせていた。納屋河岸町の世話役を務めていながら、普段から町内の者への指導をなおざりにしていたことは不届きである。よって、過怠銭二〇貫とする。

一、源内と同じ五人組に属する太兵衛《たへえ》・吉兵衛《きちべえ》・平左衛門《へいざえもん》・又吉《またきち》については、源内方で博打が行なわれているのを知りながら、そのまま放置していたことは不行き届きである。よって、一人につき過怠銭一貫五〇〇文ずつとする。

一、源内の隣家の文蔵《ぶんぞう》・栄蔵《えいぞう》・市兵衛《いちべえ》・利兵衛《りへえ》・長兵衛《ちょうべえ》については、源内方で博打が行なわれているのを知りながら、制止しなかったことは不行き届きである。よって、一人につき過怠銭一貫ずつとする。

一、宿内取締役《しゅくないとりしまりやく》（松戸宿の取締り担当者）平十郎《へいじゅうろう》と町内世話役市左衛門《いちざえもん》は、職務上町内を見廻って、不行き届きの者には教諭すべきところ、それを怠っていた。そして、同役の源内がかねてから町内の者への指導をなおざりにしていたのをそのまま放置し、さらに夜廻りもしていなかった。その結果、今回のような事態を招いたことは不届きである。よって、平十郎は過怠銭三貫、市左衛門は同二貫とする。

一、納屋河岸町の者たちには、悪事については互いに吟味し合い、悪事が行なわれていれば内々に宿役人に報告するよう、かねてから申し付けておいた。ところが、源内の納屋で博打が行なわれているのを知りながら報告しなかったことは不届きである。よって、町内全体に対して、過怠銭五貫を科す。

そして、文政一三年二月二九日には、過怠銭を科された源内や五人組・隣家・宿内取締役・町内世話役・町内惣代たちが、宿役人に、過怠銭を三月一〇日までに納めることを約束しています。

このように、この博打の問題は、はじめは宿役人から代官所に届け出て、代官所によって裁かれようとしましたが、最終的には村掟に基づいて、宿内で処分が決定されています。博打は、幕府も、宿や村でもともに厳禁している違法行為でしたが、犯罪の処罰を、領主に委ねるか、独自に行なうかは、住民側が自主的に判断しており、この場合は松戸宿で独自に処分を決定しています。このように、松戸宿に限らず、江戸時代の宿や村は一般的に警察・裁判・刑罰権をもっており、常に領主に頼るのではなく、自治的に犯罪に対処していたのです。住民にとって、宿や村の掟は、領主の法に匹敵する規制力をもっていました。

また、この事件が宿内で内々に処理されることになったきっかけは、源内が宝光院という寺に入って、謹慎と謝罪の意思を表したことでした。宝光院住職や宿内の人たちがとりなしたため、宿役人は代官所への届け出を取りやめたのです。このように、寺院が、住民が起こした事件の仲裁・解決に重要な役割を果たす事例は各地に広くみられました。江戸時代の寺院は、信仰面だけでなく、世俗の問題解決にも一役買っていたのです。

もう一つ、この事件で注目されるのは、源内・五人組・隣家・宿内取締役・町内世話役・町内の者など広範囲に監視・監督の怠慢による過怠銭が科されている反面、実際に博打をした船頭たちについては何の処罰も科されていないことです。これには、船頭たちがどこかへ行方をくらましてしまって捕まらなかったという可能性もあります。しかし、江戸時代の宿・村においては、博打をした当人よりも、賭場の所有者やその隣家に対して重い処罰が科される事例が広くみられたのです。

・生布海苔などの小売り

天保五年（一八三四）には、江戸の生布海苔《ふのり》問屋たちが、武蔵国葛飾郡上平井村《むさしのくにかつしかぐんかみひらいむら》（現東京都葛飾区）の百姓三人を訴えるという事件が起こりました。布海苔は海藻で、煮汁《にじる》を布地ののりづけに用います。このときは、上平井村の者が、江戸の問屋だけから生布海苔を買い入れるという契約を結んでいたにもかかわらず、ほかから買い入れたために、それを問題視した問屋が裁判を起こしたのです。

この裁判は、問屋側の訴えが認められて決着しましたが、その際、源内も、江戸の問屋を差し置いて、上平井村の者と直接取引をしないよう命じられました。源内は、それについては承服しましたが、天保五年九月に、幕府に対して、自身の考えを次のように述べています。

松戸宿の百姓で、船問屋を営む源内が申し上げます。松戸宿では、昔から、農業の合間に、さまざまな商売を営む者がたくさんおります。そのため、寛永《かんえい》年間（一六二四〜一六四四）から河岸役永《かしやくえい》など永《えい》一二貫一文五分を、船問屋たちが分担して、毎年上納してきました。その後、安永三年（一七七四）に河岸の調査があった際に、私（源内）と太兵衛が永三〇〇文ずつを、河岸役永とは別に以後毎年上納することになりました。

松戸宿には河岸がありますが、そこは船から船への荷物の積み替えや、「艀下下げ《はしけさ》」（艀下への荷物の積み替え）などをする場所ではありません。諸国から松戸宿に陸送されてくる荷物は、すぐに江戸の問屋へ積み送っており、私どもが販売を引き受ける荷物はわずかしかありません。それも荷主から送り状を添えて送られてくる分を引き受けて、松戸宿やその近辺へ少しずつ売りさばいているだけです。奥川筋《おくかわすじ》から運ばれてくる荷物を買い上げたりすることはありません。

しかるに、小売り（見世売《みせうり》）にする荷物まで引き受けてはいけないということになったら、たいへん困ったことになり、幕府への河岸役永の上納もできなくなってしまいます。どうかこれまでどおり、荷主から送り状を添えて送られてきた荷物を引き受けて小売りすることはお認めくださるようお願いします。

この事件の直接の当事者は、江戸の生布海苔問屋と上平井村の百姓でした。しかし、源内も上平井村の者から生布海苔を購入したことがあったため、以後そうしたことをしないよう求められているのです。すなわち、源内は、運送業に加えて、商業（商品取引）も行なっていたのです。それについて、源内は、「自分は各地から松戸宿に送られてくる荷物を少量引き受けて、それを小売りしているだけで、けっして江戸問屋の営業妨害になるようなことはしていません。ですから、そうした自分の商売については引き続き認めてください」と願っています。また、源内は、松戸河岸は陸上交通と河川交通の結節点という性格が基本であるとも述べています。この当時、松戸河岸では、本船から艀下への荷物の積み替えなどは行なっていないというのです。

ちなみに、源内の提出した文書中にある「奥川筋」とは、利根川水系等を利用した商品取引で江戸と結ばれた、北関東から東北・信越方面の各地のことです。江戸へ諸荷物を積んできた船の多くは、「帰り荷」として再び北関東や東北・信越の各地へ運ぶ荷物を積み込んで帰って行ったのです。この荷物の世話をしたのが「奥川筋船積問屋《おくかわすじふなづみどんや》」でした。この奥川筋船積問屋は、江戸の小網町《こあみちょう》を中心に、日本橋から隅田川にかかる永代橋《えいたいばし》にかけての地域に集まっており、寛延《かんえん》元年（一七四八）に三七軒、嘉永四年（一八五一）に三六軒ありました（川名登氏による）。

・酒荷物の取り扱い

天保一一年（一八四〇）九月には、酒造荷物船積み引請人《しゅぞうにもつふなづみひきうけにん》の与五右衛門《よごえもん》・伝左衛門《でんざえもん》・太右衛門《たえもん》・金兵衛《きんべえ》の四人が、問屋の源内と太兵衛に宛てて、酒荷物を船で江戸川を運ぶ件について、一通の書面を差し出しています。酒造荷物船積み引請人とは、船持たちを代表して酒荷物の運送を差配する人のことです。なお、四人のうち、与五右衛門と伝左衛門については、文政五年（一八二二）の松戸宿の船仲間の取り決め書に署名しているので、松戸宿の住人であることがわかります。ほかの二人も含めて、この四人はいずれも松戸宿の船持でしょう。書面には、次のように記されていました。

今般、酒造業者の皆様が出荷する酒荷物の運送を、今年（天保一一年）から四年間、私たち（与五右衛門ら四人）に委託してくださり、ありがたくお引き受けいたします。荷物は、大小に関係なく、また昼夜を問わず、松戸河岸から上流・下流ともご希望の場所へ、遅滞することなく運びます。

もちろん、荷物は船に積み込む際に、きちんと確認してから積み込みます。問題のある荷物があった場合は、担当者に確認してもらったうえで船積みします。また、運送の途中で、荷物が濡れたり、紛失したりした場合は、あなた方（問屋の源内と太兵衛）の御指図《おさしず》を受けて弁償します。船中で疑わしい行為（積み荷の抜き取りなど）をする者がいた場合は、行為の程度によって、私たちが損害を弁償することはもちろん、委託契約の解消など、どのようなことになろうとも一言の弁解もいたしません。

もし、私たちのうちで舟運業《しゅううんぎょう》を休業する者が出た場合でも、ほかから船を雇って、荷物の運送に支障をきたすようなことはいたしません。松戸河岸を出て目的地に着くまでの間は、船主《ふなぬし》（船持のこと）はもちろん、船頭（乗組員のリーダー）や水夫《かこ》（一般の乗組員）にいたるまで禁酒します。私たち四人の仲間内でいかなる問題が生じようと、すべて仲間内で解決して、あなた方には少しも御苦労はおかけしません。

私たちが荷物を積む順番は、あらかじめ私たちで決めておきます。その日に船積みの順番に当たった者は、前日から船を待機させて、積み込みに差し支えがないようにします。もし前日待機ができない場合は、その日の順番を取り消して、順番を後回しにするように取り決めましたので、あなた方のほうでもそのようにお取り計らいください。以上申し上げたとおり、少しも相違ありません。


すなわち、与五右衛門ら四人は、松戸河岸から出荷される酒荷物の運送の差配を、河岸問屋から委託されるに当たって、荷物の確実な運送を問屋たちに約束しているのです。ただし、この書面には源内の作成と思われるメモが付いており、そこには、「この書面を作成した船持惣代《ふなもちそうだい》（船持たちの代表者）四人は、船持たちから頼まれたわけではないので、私欲に基づく行為か、または酔狂《すいきょう》（物好き）によるものか、それとも酒造業者から頼まれたものなのか、彼らの意図がわからない」と記されています。源内は、この書面にいささか疑念を抱いていたようです。

その後、この取り決めに反する事態が発生したため、嘉永《かえい》二年（一八四九）一一月に、船問屋（河岸問屋）の源内・太兵衛、船持惣代与五右衛門・善八《ぜんぱち》・勘五郎《かんごろう》・庄八《しょうはち》と、松戸宿・根本村・馬橋《まばし》村の酒造仲間（酒造業者たちの同業者組合）との間であらためて議定《ぎじょう》（取り決め書）が結ばれました。全九か条の議定のうち、一部分をご紹介しましょう。

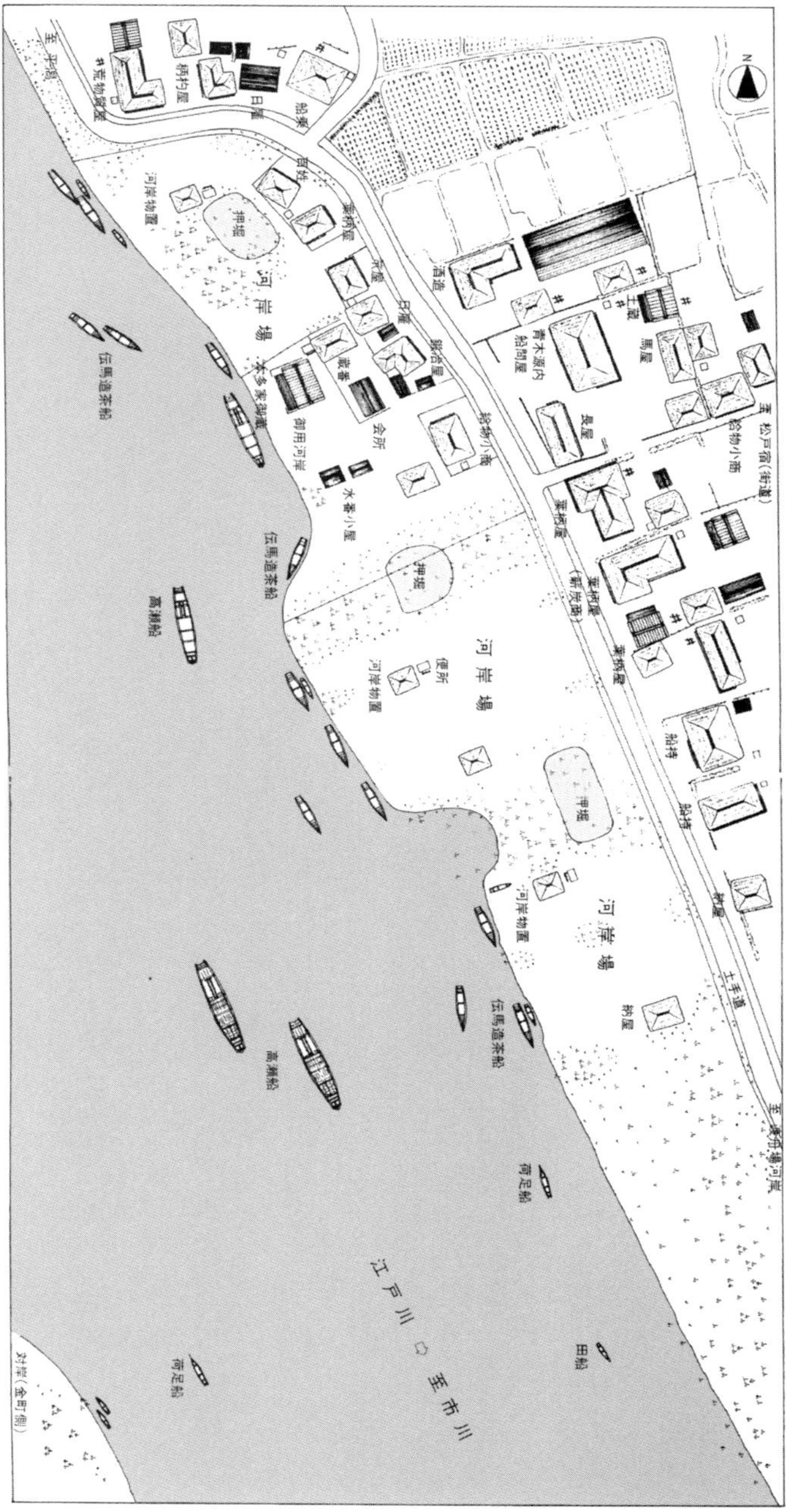

図17　松戸市立博物館にある納屋河岸の復元模型の建物等配置図（松戸市立博物館『改訂版　常設展示図録』より転載）

一、船持仲間のなかから、二、三人の「荷取《にとり》」（酒造業者から酒荷物を集荷する役目の者）を決めて、毎日荷主（酒造業者）のところを回って酒荷物を集荷する。「荷取」の給料は年に金三両とし、酒造仲間から「荷取」に渡す。

一、急ぎの荷物は、特別料金を支払う。

一、船賃（運送費）の支払い方法は、これまでのとおり、荷主から船問屋へ渡し、船問屋から船持に渡す。

一、荷物の多少によって、荷物を積む船の大小も決まってくるので、そのときは決められた順番にかかわらず、誰の船であろうと、荷主が指名した船に荷物を積み込む。

一、船賃のうち五分《ごぶ》（五パーセント）は、これまでどおり船問屋の世話料とする。

松戸宿とその近くの根本村・馬橋村では、一九世紀に販売用の酒が造られていました。その酒の出荷方法について、酒造業者・船問屋・船持の三者が取り決めを結んで、円滑な輸送に努めているのです。

・河岸問屋と田中藩本多家

納屋河岸は、延享《えんきょう》二年（一七四五）から田中藩本多家の領地になり、その一部には田中藩の年貢米などを江戸に積み出すための、藩直営の河岸（御用河岸《ごようがし》）が設けられました。御用河岸は、源内の屋敷と江戸川との中間、すなわち源内家の目の前に位置していました（図17）。御用河岸ができる前は、源内家がそこを自家の河岸として利用していたものと思われます。
嘉永三年（一八五〇）に、田中藩の藤心《ふじごころ》役所（藤心村に置かれた田中藩の役所）からの尋ねに対して、松戸宿では以下のように回答しています。

松戸宿の江戸川堤外地《ていがいち》（堤防と川の間の河川敷《かせんしき》。ここに河岸場がありました）は、流作場《りゅうさくば》（ある程度洪水被害に遭うことを前提に利用する土地、浸水被害想定区域）として、宿の者が進退《しんたい》（現実に利用すること）してきました。松戸宿と樋野口《ひのくち》村の所で江戸川の流れが悪くなっていたため、享保《きょうほう》一六年（一七三一）に、古ケ崎《こがさき》村（松戸宿の北側の村）の所から江戸川の流路を直線化しました。
それによって、それまで根本村にあった田中藩の年貢津出場《つだしば》（年貢米を船積みする河岸場、御用河岸）の前が埋まって船の通航が困難になってしまいました。そこで、田中藩では、延享二年（一七四五）に、幕府から松戸宿の納屋河岸とその周辺に領地をもらい、そこに年貢津出場を移しました。延享二年以降、納屋河岸に賦課される年貢永三貫は、納屋河岸にある流作場の所持者七人が上納してきました。

田中藩の御用河岸の成立には、こうした経緯があったのです。なお、回答文中にある年貢永《ねんぐえい》は、河岸役永とは別の負担です。河岸役永は河岸での営業活動を公認してもらうことへの対価として河岸問屋・船宿らが幕府に納める営業税であり、年貢永は河岸（流作場）の土地所持者が田中藩に納める年貢です。また、この回答書では流作場の土地所持者を七人としていますが、八人とする史料もあります。

若干、補足しましょう。宝暦年間（一七五一～一七六四）に、納屋河岸の見取畑《みとりばた》（ここでは流作場と同義）を九つに分割して、そのうち二つを源内が拝借（所持）し、残りの七つはそれぞれほかの者が拝借しました。そこにかかる年貢は、源内が九か所の分を取りまとめて田中藩に上納しました。見取畑のうちには三、四か所の押堀《おしぼり》（水没地、水溜まり）があったため、そこの年貢は免除されてきました。堤外地・流作場・見取畑は同じ場所を指しており、見取畑といっても必ずしも畑ではなく、河岸場として利用されていたのです。

安政《あんせい》五年（一八五八）一〇月の、田中藩から松戸町（松戸宿）宛の年貢割付状《ねんぐわりつけじょう》（年貢等の納付命令書）をみると、納屋河岸の見取畑の面積四反《たん》九畝《せ》二四歩《ぶ》のうち、船積み地（御用河岸）の分として二反二七歩、押堀の分として一反二畝三歩がそれぞれ控除され、残る一反六畝二四歩に対して永三貫の年貢が賦課されています。これを、納屋河岸の土地所持者たちが各自の所持地面積に応じて負担したのです。源内は、自身の所持地を河岸場として利用していました。

松戸町の田中藩領の見取畑は納屋河岸以外にもう一か所あり、この二か所の見取畑の年貢合計は永三貫四五七文（＝金三両一分と永二〇七文）となっています。この数値は天明《てんめい》五年（一七八五）、同七年もまったく同じであり、一八世紀から不変だったことがわかります。

また、源内は、納屋河岸が田中藩領となって以降、田中藩の御用河岸の一部を拝借して、自己の所持地と御用河岸の双方を河岸場として利用し、御用河岸使用の冥加《みょうが》（使用料）として毎年永

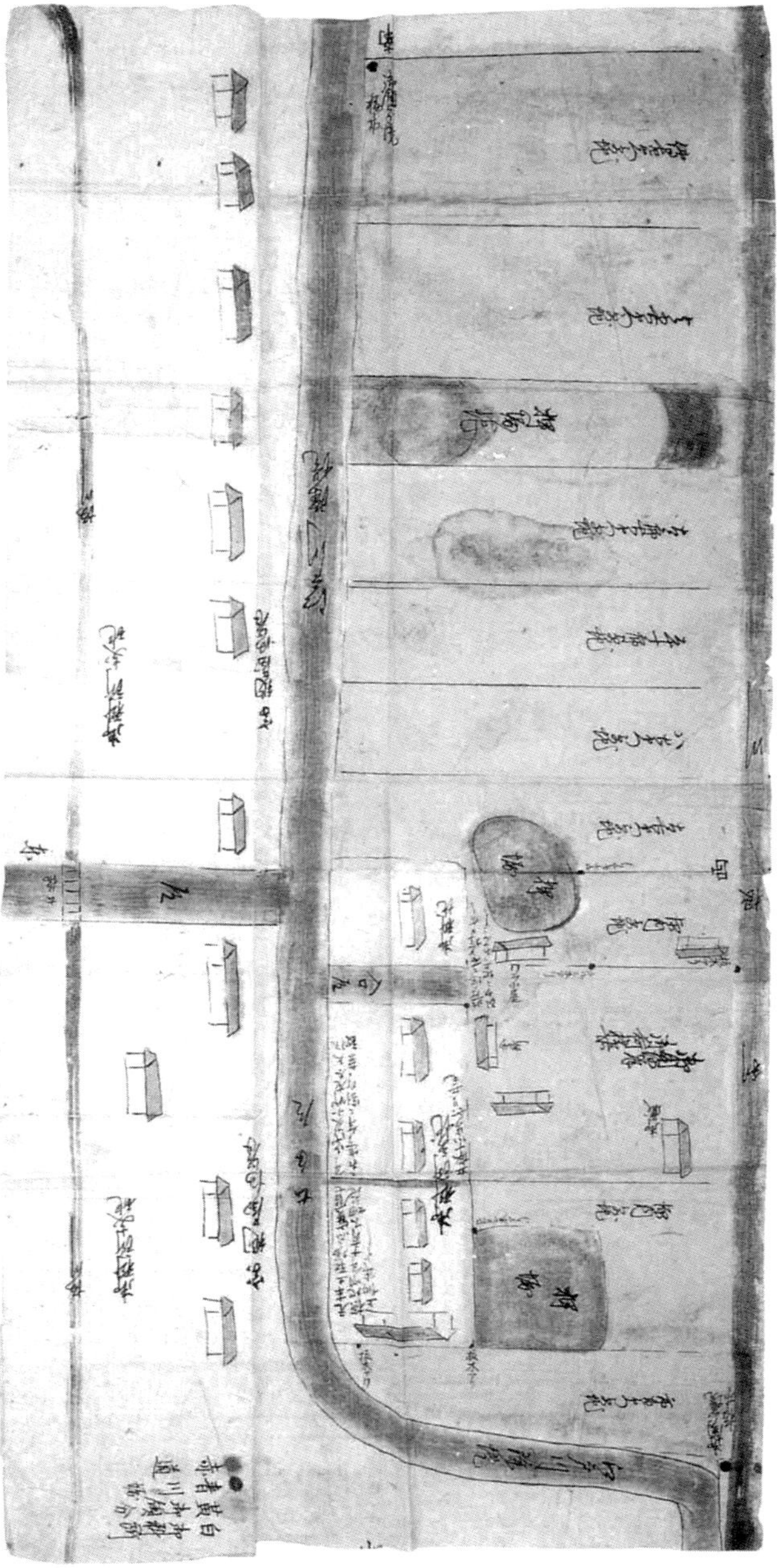

図18　江戸時代に描かれた納屋河岸の絵図（青木家文書、『特別展　川の道　江戸川』より転載）
図の上端（頁の右端）の線が江戸川で、それと並行して堤防兼道路が通っています。江戸川と堤防に挟まれた部分が河岸地で、短冊状に区画されて、それぞれに所持者がいます。そのなかには、田中藩本多家の御用河岸や、青木源内家の河岸もあります。河岸地には、４か所の押堀が描かれています。

三七五文を上納しています。文久《ぶんきゅう》二年(一八六二)には、冥加として一度に金二五両を上納したため、以後は毎年の冥加永上納はなくなりました。

・田中藩の御用河岸をめぐるトラブル

納屋河岸にある田中藩の御用河岸をめぐって、嘉永元年(一八四八)五月に、松戸宿の百姓運八《うんぱち》(第六代源内の子、のちの第七代源内)が、田中藩の藤心役所に、次のような嘆願書を差し出しています。

私の家は、農業とともに、先祖から数代にわたって、銚子から運ばれてくる鮮魚荷物を扱う船問屋をしており、鮮魚以外にも葉柄《はがら》(林産物)などの荷物を扱っています。それらの荷物は、私の住む敷地に続く江戸川の河岸場から、船積みや荷揚げを行なってきました。

その河岸場一帯の土地は、先年、本多家の領地になりました。その際、御用河岸以外の周辺の土地は、それぞれそれまでの所持者が引き続き所持することを認められました。そのとき、当家(源内家)が所持してきた、御用河岸の前後(左右)の二か所の土地については、当家の所持が認められました。そして、以後は当家が、松戸宿にある田中藩領の見取畑全体にかかる年貢永三貫四五七文を取りまとめて上納してきました。

以前に先祖の源内が病死したときには、一時、分家の太兵衛《たへえ》(下河岸《しもがし》の河岸問屋)が、田中藩領の見取畑全体の年貢永を取りまとめて上納していたこともありましたが、その後安永年間(一七七二〜一七八一)からは、また当家が見取畑全体にかかる年貢永を毎年一括して納めるようになりました。

そして、今年（嘉永元年）二月に父源内が病死し、私（運八）が跡を継ぎました。すると、御用河岸の御蔵番《おくらばん》を務めている松戸宿百姓の利兵衛《りへえ》が、私の所持地にある河岸場を、自分（利兵衛）に返すよう要求してきました。しかし、河岸場は御領主様（本多家）から所持を認められた場所ですから、利兵衛からとやかく言われる筋合いはないと考えて取り合いませんでした。

すると、利兵衛は御蔵番の権威を笠に着て、私の問屋商売を妨害するので、たいへん迷惑しています。そこで、妨害をやめるよう利兵衛に掛け合ううちに、近村の三人が仲裁に入ってくれました。ところが、五月四日に、利兵衛は、松戸宿の船持仲間行司（船持たちの同業者組織の代表者）の勘五郎《かんごろう》・庄八《しょうはち》・吉兵衛《きちべえ》に対して、「源内宛の送り状が添えられた荷物を、松戸河岸において水揚げや積み出しをすることは厳禁する」と言ってきたのです。それでは、私は船問屋の営業を続けていくことができません。どうか、利兵衛を呼び出して、私の問屋の家業を妨害しないよう仰せ付けてください。


これは、源内家（運八）と、田中藩御用河岸の御蔵番利兵衛との争いです。御用河岸には年貢米などを一時保管する御蔵（藩の倉庫）があり、松戸宿の百姓利兵衛がその管理を任されていたのです。そして、御用河岸の土地のうち南側（江戸川の下流側）の一部を、田中藩が使わないときには、源内家が借りて使っていました。利兵衛は、そこを使うなと言ってきたのです。それに対して、運八は、そこは自家の所持地であり、利兵衛にとやかく言われる筋合いはないと、田中藩に訴えているわけです。

納屋河岸において、田中藩の御用河岸は、南北両側で源内家の所持地と接していました。源内家の所持地に南北を挟まれる格好になっていたのです。そして、源内家では、自家の所持地を荷物の積み下ろしに使うのはもちろん、そこに隣接する御用河岸の南側部分も田中藩から借りて利用していたのです。そのため、源内家の所持地と御用河岸との区別があいまいになってしまい、その結果、利兵衛は、そこは御用河岸の一部だから藩に返せと言い、源内はそこは自家の所持地だから返すいわれはないと反論して争いになったわけです。

この争いは、嘉永元年六月に、仲裁人の尽力によって何とか和解が成立しました。運八らから、大根本村《おおねもと》（根本村）名主勘右衛門《かんえもん》（仲裁人のなかの中心人物）に宛てて出された書面には、次のような和解内容が記されています。

このたび、本多家の御用河岸二反二七歩の土地のうち、南のほうを、運八は自家の所持地だと考えたが、それを認めない利兵衛との間で争いになった。仲裁人たちが調べたところ、そこは御用河岸に相違ないことが判明した。それをふまえて、今後は、運八・利兵衛とも互いに仲良く仕事を続けることとする。

このように、係争地は運八の所持地ではなく、田中藩本多家の御用河岸の一部であることが確認されました。御用河岸の南に隣接して源内家の所持地があったため、運八は御用河岸の南側まで自家の所持地だと勘違いしてしまったわけです。父の跡を継いだばかりだったため、事情がよくわからなかったのでしょう。この点では、利兵衛の主張が認められたのです。ただし、その後も、運八は御用河岸の一部を借りて河岸問屋営業を続けることができました。そこからすると、両者痛み分けの決着といえるかもしれません。

利兵衛との争いが解決した四年後の嘉永五年一一月に、源内は、田中藩の藤心役所に、納屋河岸にある藩の御用河岸の一部を借用したいと願い出ました。拝借を願ったのは、長さ一二間《けん》（一間は約一・八メートル）、横三間の土地です。この願いは認められました。源内による御用河岸の一部借用が、あらためて承認されたのです。

その後、嘉永七年一〇月に、源内から、田中藩の御用河岸の河岸守《かしもり》（御用河岸の管理責任者、御蔵番のこと）を務める松戸宿の庄之助《しょうのすけ》に出した書面では、御用河岸の一角をこれまでどおり源内（運八が改名）が内々に借用すること、田中藩の御用荷物の量が多いときは源内の借用場所も藩が使うことなどが取り決められています。このように、源内は、納屋河岸にある田中藩の御用河岸の一部を、継続的に借用し利用していたのです。

なお、文久二年（一八六二）七月に、源内は権左衛門《ごんざえもん》とともに、納屋河岸の押堀《おしぼり》（水没地）を埋め立てたうえでそこを拝借したいと、田中藩の藤心役所に願い出ています。権左衛門は松戸宿の者で、薪・炭・葉柄を扱う商人でした。ただし、埋め立ては幕府が倒れた慶応三年（一八六七）まで実現していません。

・河岸問屋のライバルが出現

河岸問屋の源内と太兵衛は、安永三年（一七七四）に、幕府から高瀬船問屋株《たかせぶねとんやかぶ》（高瀬船などを使った河岸問屋の営業権）を公認され、年に永三〇〇文ずつの運上《うんじょう》（営業税）上納を命じられました。そのとき、二人のほかには、松戸宿で河岸問屋の新規開業は認めないこととされました。松戸宿における独占的営業権が保障されたのです。

ところが、幕末になると、松戸宿の百姓平重《へいじゅう》（十）郎《ろう》が、農業の合間に、運上も納めずに、近隣から出荷される荷物を船で運ぶという、河岸問屋と類似の営業を行なうようになりました。平重郎は納屋河岸に江戸川に面した土地を所持しており、そこを使って船積みを始めたのです。源内らは、はじめは大目に見ていましたが、平重郎がしだいに営業規模を拡大するのをみて、彼に営業をやめるよう求めました。

しかし、平重郎は、「運上は松戸宿として納めているのであって、源内ら二人だけが納めているわけではない。だから、ほかの者が問屋商売をしても問題ないはずである」と考えて、源内らの営業停止要求に従いませんでした。そこで、源内と太兵衛が、安政六年（一八五九）に平重郎の行為を幕府代官所に訴え出たため、平重郎は代官所で自身の考え違いを教え諭されることになりました。

平重郎は、河岸場に課される河岸役永と、株（営業権）を公認された河岸問屋が納める運上とを混同していたのです。前者は松戸宿の河岸全体に賦課されるものですが、後者は河岸問屋の源内と太兵衛だけに課されるものでした。運上を二人だけが納めている以上、河岸問屋を営業できるのも二人だけだったのです。反省した平重郎は、源内に詫びを入れて、以後は源内の下請けとして荷物輸送を続けさせてほしいと頼み込みました。

源内・太兵衛がそれを承知したので、平重郎は、万延元年《まんえん》（一八六〇）閏三月《うるう》に、二人に宛てて書面を差し出し、以下の二点を約束しています。

① 平重郎は、荷物を彼の蔵に自由に運び入れてよいが、その荷物を積み出すときは源内の指示に従う。また、平重郎は自身の手船《てぶね》（自身で所有する船）のみを使って運送する。

② 送り状（平重郎への運送依頼状）については、その都度、源内のところに持って行き、源内の確認印をもらう。その際、四分《ぶ》（四パーセント）の口銭《こうせん》（源内が受け取る問屋業務の手数料）を支払う。

こうして、以後、平重郎は、源内の下請けというかたちで、舟運業を継続することができたのでした。ただし、彼が荷主から受け取る運送料の一部を、源内に渡すという条件付きでした。この争いのなかで、源内・太兵衛は、「われわれは、これまで松戸宿に課された船役《ふなやく》（船の所有者に課される負担）は、何によらず務めてきました。ことに、将軍の日光（東照宮）御参詣や御鹿狩《おしし》《がり》（小金牧での将軍の狩猟）のような大規模通行の際も船役を務め、水戸徳川様（水戸藩主）が江戸に向かうときに使う船や、位の高い御役人様方が乗る船も提供してきました」と述べています。

しかし、平重郎の件はこれで一件落着ではありませんでした。平重郎が、約束を守らなかったのです。彼は、万延元年五月に、松戸宿の善六《ぜんろく》と庄八《しょうはち》から預かった荷物を、源内には無断で積み送り、源内の抗議にも耳を貸しませんでした。松戸宿の者が仲裁に入ったため、源内は仲裁者に対して、「松戸宿の船持の長五郎《ちょうごろう》が、平重郎と馴れ合って、私に無断で荷物を運送しているのが問題である。以後、長五郎が平重郎の河岸でいっさい荷物を船積みしないというなら、平重郎に私の下請けを続けさせてもよい」と答えました。

ところが、平重郎が源内の和解案を拒否したため、万延元年一〇月に、源内は幕府代官所に、平重郎の河岸問屋同然の営業を禁止してくれるよう願い出ようとしました。このとき源内は出願のために江戸まで行きましたが、仲裁者たちになだめられていったん引き返しました。

こうした事態を受けて、万延元年一一月に、長五郎は人を介して源内に謝罪し、①以後は源内の河岸でのみ荷物を船積みすること、②その際には、送り状を源内に見せて、口銭を支払うことを約束しています。

また、源内と平重郎の間では、

① 平重郎は、松戸宿の善六と庄八の荷物に限り自分の蔵に運び入れてよい。ただし、その荷物を平重郎の手船に積み込むときは、送り状を源内のところに持って行き、四分の口銭を支払う。

② 善六と庄八がほかから買い入れた米穀は、平重郎の船には積み込まない。たとえ誰から頼まれようとも、善六と庄八自身の荷物以外は船積みしない。とりわけ薪と葉柄（薪・炭などの林産物）については、手船以外の船に積み込んだりしない。また、平重郎はいかなる荷物も水揚げしない。

という和解案ができました。これは、平重郎の運送業を、善六と庄八の荷物の積み出しに限定するというものです。また、善六と庄八の荷物であっても、二人が米穀商人などから購入した米穀を運ぶことは禁止され、さらによそから松戸宿に運ばれてくる荷物を水揚げすることも禁じられています。相当厳しい制約のもとで、源内の下請けとして営業することが求められているのです。ただ、このとおりに最終確定したかどうかは残念ながらわかりません。しかし、このあと平重郎や長五郎とのトラブルは起こっていないようです。

・明治になって

明治になっても、源内と太兵衛の河岸問屋営業はしばらく続きました。明治七年（一七七四）一二月に、梨本太兵衛《なしもとたへえ》・青木源内らは、幕末以来の状況を次のように述べています。

これまでは二人（太兵衛と源内）で相談して鮮魚荷物の荷受け範囲を分け、太兵衛は陸奥《むつ》・出羽《でわ》・常陸《ひたち》各国（東北地方と茨城県）の漁村と下総国銚子《しもうさのくにちょうし》の新生浦《あらおいうら》などを荷受け範囲とし、源内は銚子の飯貝根《いがいね》・飯沼・外川《とかわ》・名洗《なあらい》の四か浦からの荷物を引き受けてきました。そのほか、特に荷主からの送り状に二人のうちどちらかの名が送り先として記されている場合や、松戸や近隣の村々からどちらかが頼まれた荷物は、指名されたほうが運送しています。以上を原則としつつ、実際は柔軟に対応してきました。

ここで述べられている二人の荷受け範囲は、正徳《しょうとく》六年（一七一六）の荷受け範囲（一七頁参照）から若干変わっています。

明治八年（一八七五）四月に、松戸駅（松戸河岸）の「荷物積附問屋《にもつつみつけどんや》」（河岸問屋）梨本太兵衛・青木源内・本橋助左衛門《もとはしすけざえもん》（本橋は明治八年頃に営業開始）は、千葉県（明治六年成立）に、明治七年分の松戸駅に出入りする船数と積載荷物量を、次のように報告しています。

輸出船　八〇九艘　この積荷七万二五四六箇《こ》（個）

これは、千葉県内からの荷物を、江戸川経由で他県へ移出するために、松戸河岸から積み出した分（千葉県→他県）

輸入船　五八三艘　この積荷一万二六七九箇

これは、他県からの荷物を、江戸川経由で千葉県内に移入するために、松戸河岸に運び込んだ分（他県→千葉県）

船数　三四八艘　この積荷九八七五箇

これは、他県から江戸川経由で来た荷物を、松戸河岸で陸揚げして、さらに陸路で他県へ運んだ分（他県→他県、水運→陸運）

魚荷物　四二〇〇箇

これは、他県から陸路で松戸に運ばれ、さらに陸路で他県へ移出した分（他県→他県、陸運→陸運）

船数　六三二艘　この積荷九万一六九箇

これは、他県から陸路で松戸に運ばれ、松戸河岸から江戸川を通って他県へ移出した分（他県→他県、陸運→水運）（このなかには相当数の魚荷物が含まれていると思われます）

同じく明治八年四月に、青木源内は、千葉県に、同家が取り扱った明治七年分の荷物の輸出入状況を次のように報告しています。こちらは、青木家のみの取り扱い分です。

輸出船　一四五艘
この積み荷物（松戸河岸からの移出分）　一九四四駄
うち鮮魚　七四八〇籠＝五万八三三〇箱
鰹節《かつおぶし》　一二〇樽《たる》
以上は、海上郡銚子飯貝根浦《うなかみぐんちょうしいがいねうら》・飯沼村から出荷され、布佐村から陸路で松戸河岸に届いたものを、さらに水運を使って日本橋魚河岸まで運んだ分

船数　一五三艘
この積み荷物　四四〇七駄七分《ぶ》
うち米　九一三一俵《ひょう》
大豆　三〇七俵
小麦　四〇五俵
酒・味醂《みりん》　四四四樽
種粕《たねかす》（菜種などから油をしぼった残りかす、肥料にする）　五六六杯
草縄《くさなわ》　四九三箇

灰　　六七〇俵
箇荷（箱入りの荷物か）　一三五箇
醤油　二四二八樽
以上は、近隣村々から出荷されたものを、水運を使って東京まで積み出した分
小麦　　三二〇俵
酒荷　　七〇樽
以上は、近隣村々から出荷されたものを、水運を使って行徳村へ積み出した分
船数　　二一九艘　こちらは積合荷船《つみあいにぶね》（一艘に多種多様な荷物を積み込んだ船）のため船数が多い
この揚げ荷物（松戸河岸への移入分）　二七五〇駄五分三厘
うち酒・味醂　五五三駄　一一〇六樽
　酢　　一〇四樽
　醤油　四七一樽
　塩　　五〇六俵
干鰯《ほしか》（イワシを天日干ししたもので、肥料にする）　一〇四俵
種粕　　三三〇枚

吉田灰《よしだばい》（木灰の一種で藍染《あいぞめ》に使う）　四八俵
糠《ぬか》（玄米を精白するときに出る粉状の外皮、肥料・飼料にする）　二三〇俵
荒物《あらもの》（家庭雑貨）荷物　五八箇
同箇荷物　八七箇

以上は、東京を出て、利根川（江戸川）を上り、松戸河岸で水揚げし、近隣の村々へ陸路で輸送した分

酒　九三八駄　ただし一八七六樽
炭　三八〇俵
石灰《せっかい》　三五〇俵
荒物荷　三一一箇
同箇荷　二〇箇

以上は、上川筋《かみかわすじ》（奥川筋のことか）、上野《こうづけ》（現群馬県）・下野《しもつけ》（現栃木県）より利根川流域を経て、松戸河岸で水揚げした分

酒・味醂　四一二駄　ただし八二四樽
醤油　四六樽
味噌　二五樽
種叺《かます》（藁《わら》むしろを二つ折りにして作った袋）　七〇叺
米　三一俵

搗麦《つきむぎ》　九七俵
小豆　三三俵
糠　一二〇俵
以上は、流山村から来て、松戸河岸で水揚げした分
醤油　二三二樽
莨《たば》箇《こ》　二一〇箇
醤油粕《しょうゆかす》　七五俵
以上は、野田町から来て、松戸河岸で水揚げした分
干鰯　七二三俵
これは、関宿町から水運で松戸河岸まで送られ、そこから陸路で馬橋《まばし》村の大川五兵衛《ごへえ》方まで運んだ分
藍葉《あいば》　二三五俵
これは、埼玉県粕壁宿《かすかべしゅく》（現春日部市）から送られ、松戸河岸で水揚げした分

以上あげたように、明治初年においては、松戸河岸全体としても、源内家だけをとっても、鮮魚荷物に限らない多様な荷物を扱っていたことがわかります。また、銚子と江戸を結ぶだけでなく、いろいろな所からの荷物を受け取って、それをまたさまざまな場所へ送っていたのです。

エピローグ

江戸川と利根川は、徳川家による工事で大きく流れを変えました。その結果、両河川を利用した舟運が物流の大動脈になっていきます。江戸時代中期以降は、江戸を一つの結節点として商品生産・商品流通が活発化しました。そのなかで、松戸河岸は銚子と江戸を結ぶ鮮魚輸送ルートの中継拠点として重要な役割を果たすようになりました。

河岸の機能を中心的に担ったのが河岸問屋です。松戸河岸には、（青木）源内家と（梨本）太兵衛家という河岸問屋がいました。本書では、河岸と自家の利益を守るための源内家の奮闘について述べました。同家は、納屋河岸を中心とした松戸宿の内外で生じる諸問題に全力で対処しました。

松戸宿の外との関係では、ⅰ馬方の荷物抜き取りを防ぐための監督、ⅱ銚子の荷主との良好な関係維持、ⅲ近村の営業妨害行為の監視、ⅳ中川番所のスムーズな通過、ⅴ新河岸・新ルート開設の阻止、などがあげられます。

松戸宿の住民との関係では、ⅰ船頭の荷物抜き取りを防ぐための監督、ⅱ雇った船頭が行なう博打など違法行為への対処、ⅲ新たに河岸問屋営業を出願する者への対応、ⅳ船持たちとの規律ある関係の維持、などがありました。

河岸問屋は松戸河岸の中心的存在であるがゆえに、河岸の内外で起こる諸問題に対処する必要と責任があったのです。源内家の歴代当主は、こうした諸問題に対して懸命に解決に当たりつつ、家を守り抜いて近代を迎えたのでした。

明治期には常磐線が開通し、江戸川に橋が架けられるなど道路も整備されていきました。それにつれて、鉄道を使った貨物輸送が増えていきます。そうした時代の趨勢に対応して、青木源内家では、陸上輸送も手掛けるようになります。そして、二〇世紀を迎える頃には、青木源内家と納屋河岸の舟運業は幕を閉じたのでした。

納屋河岸は、常磐線松戸駅から歩いて一〇分ほどの所にあります。今は、ほとんど江戸時代の面影を偲《しの》ぶことはできませんが、青木家に大切に伝えられた多数の古文書からは、馬と船、そして多くの人びとが行き交った当時の納屋河岸の賑わいが浮かび上がってきます。本書から、その一端を感じ取っていただければ幸いです。

本書の執筆に当たっては、第一三代青木源内・早智子ご夫妻にたいへんお世話になりました。また、たけしま出版の竹島いわお氏には、丁寧な編集をしていただきました。ここに記して厚く御礼申し上げます。

参考文献

川名登『河岸に生きる人びと』（平凡社、一九八二年）
川名登『近世日本水運史の研究』（雄山閣出版、一九八四年）
川名登『近世日本の川船研究　上』（日本経済評論社、二〇〇三年）
川名登『ものと人間の文化史１３９　河岸』（法政大学出版局、二〇〇七年）
丹治健蔵『近世関東の水運と商品取引　続』（岩田書院、二〇一五年）
橋本直子『耕地開発と景観の自然環境学』（古今書院、二〇一〇年）
「論集　江戸川」編集委員会編『論集　江戸川』（崙書房出版、二〇〇六年）
青木源内「松戸の河岸」（『松戸史談』一八号、一九七八年）
安斎秀夫「旧布佐河岸の家並と生活」（『我孫子市史研究』五号、一九八一年）
『松戸市史　史料編（二）』（松戸市役所、一九七三年）
『松戸市史　中巻　近世編』（松戸市役所、一九七八年）
『松戸市史料　第一集』（松戸市役所、一九五八年）
松戸市立博物館編『特別展　川の道　江戸川』（松戸市立博物館、二〇〇三年）
松戸市立博物館編『改訂版　常設展示図録』（松戸市立博物館、二〇〇四年）

松戸市立博物館編『江戸川の社会史』（同成社、二〇〇五年）
『柏市史資料編六　布施村関係文書・下』（柏市役所、一九七一年）
新松戸郷土資料館編『下谷の歴史　干潟のゆくえ』（新松戸郷土資料館、二〇〇六年）
『千葉県歴史の道調査報告書六　木下街道・なま道』（千葉県教育委員会、一九八八年）
『千葉県歴史の道調査報告書七　江戸川・利根川水運』（千葉県教育委員会、一九八八年）
『銚子の古文書第八集　銚子港沿革調』（銚子市公正図書館、二〇〇二年）

度量衡の表

容積	1石＝10斗＝100升＝1000合＝10000勺 ＝約180リットル 1斗＝約18リットル 1升＝約1.8リットル
面積	1町＝10反＝100畝＝3000歩（坪） ＝約9917.35平方メートル 1反＝10畝＝300歩＝約991.74平方メートル 1畝＝30歩＝約99平方メートル 1歩＝1間四方＝約3.3平方メートル
距離	1里＝36町＝2160間＝12960尺＝約3.93キロメートル 1町＝60間＝約109.09メートル 1間＝6尺＝約1.82メートル
重さ	1貫＝6.25斤＝1000匁＝約3.75キログラム 1斤＝160匁＝約600グラム 1匁＝約3.75グラム
長さ	1丈＝10尺＝100寸＝1000分＝約3.03メートル 1尺＝約30.3センチメートル 1寸＝約3.03センチメートル

貨幣単位の表

金貨	1両＝4分＝16朱 1分＝4朱＝100疋 金1両＝永1貫文＝永1000文
銀貨	1貫目＝1000匁＝10000分 1匁＝10分、1分＝10厘、1厘＝10毛
銭貨	1貫文＝1000文

金銀銭三貨の換算率は相場により変動しますが、おおよそ金1両＝銀50〜60匁＝銭4000〜8000文くらいでした。

著　者　渡辺尚志（わたなべ・たかし）

1957年、東京都生まれ。東京大学大学院博士課程単位取得退学。博士（文学)。松戸市立博物館長。一橋大学名誉教授。専門は日本近世史・村落史。主要著書に、『百姓の力』（角川ソフィア文庫)、『百姓たちの江戸時代』（筑摩書房（ちくまプリマー新書))、『百姓たちの幕末維新』（草思社文庫)、『東西豪農の明治維新』(塙書房)、『百姓の主張』(柏書房)、『海に生きた百姓たち』（草思社文庫)、『日本近世村落論』（岩波書店)、『小金町と周辺の村々』『城跡の村の江戸時代』『川と向き合う江戸時代』『増補新版　殿様が三人いた村』（たけしま出版）などがある。

江戸時代の松戸河岸と鮮魚輸送
—　河岸問屋・青木源内家を中心に　—
松戸の江戸時代を知る⑤

2025年（令和7年）4月10日　第1刷発行

著　者　渡辺　尚志
発行人　竹島いわお
発行所　たけしま出版

〒277-0005　千葉県柏市柏762　柏グリーンハイツC204
TEL　04（7167）1381（FAX同じ）
振替　00110-1-402266
印刷・製本　戸辺印刷

〈目次〉

第一章 水からみた江戸時代
第二章 江戸川の治水に取り組む
第三章 坂川と向き合う
第四章 坂川の流路延長を目指して
第五章 新流路完成による成果と残る課題

A5判 138頁 本体1,200円＋税

松戸の江戸時代を知る ③ ④ **好評発売中**

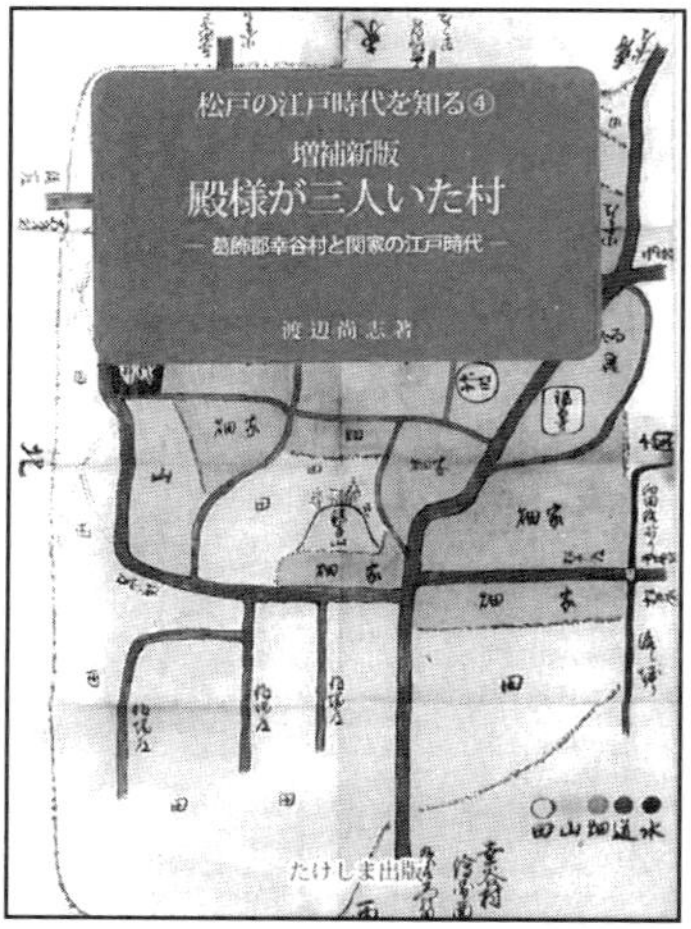

〈目次〉

第一章 江戸時代の村と百姓
第二章 幸谷村には殿様が三人いた
第三章 村掟の世界
第四章 村の仕組みと村人の暮らし
第五章 お寺と神社
第六章 水をめぐる共同と対立
第七章 災害とのたたかい
第八章 百姓と領主
第九章 村を越えた結びつき
第十章 現代とは違う江戸時代の土地所有

A5判 248頁 本体1,600円＋税